El camino de la sabiduría

BIBLIOTECA CRECIMIENTO PERSONAL

El camino de la sabiduría

Deepak Chopra

Título original: *The Way of the Wizard*
Traducción: Jordi Beltrán

Traducción cedida por Martínez Roca, S. A.

Diseño de la cubierta: Lemonlab

ISBN:978-84-473-5368-2
Depósito legal: NA-1272-2007

Impresión y encuadernación:
RODESA

Impreso en España - Printed in Spain

Agradecimientos

Me gustaría expresar mi amor y mi gratitud a las siguientes personas:

Ante todo, a mi viejo amigo, guía y editor Peter Guzzardi. Peter, ¡eres el mejor!

Y a mi familia de Harmony Books: Shaye Areheart, Patty Eddy, Tina Constable, Leslie Meredith, Chip Gibson y Michelle Sidrane.

A Rita Chopra, Mallika Chopra y Gautama Chopra por ser la expresión viva de los principios que se explican en el presente libro.

A Ray Chambers, Gayle Rose, Adrianna Nienow, David Simon, George Harrison, Olivia Harrison, Naomi Judd, Demi Moore, Alice Walton, Donna Karan, así como a la hermana Judian Breitenbach, por su valor y su compromiso con una visión que está más allá de todas las limitaciones.

A Roger Gabriel, Brent Becvar, Rose Bueno-Murphy y a todo el personal del Sharp Center for Mind-Body Medicine por ser ejemplos que inspiran a todos nuestros huéspedes y pacientes.

A Deepak Singh, Geeta Singh y todo el personal de Quantum Publications por su energía y su entrega incansables.

A Muriel Nellis por su inquebrantable intención de mantener el más alto nivel de integridad en todos nuestros esfuerzos.

A Richard Perl por ser un ejemplo tan magnífico de referencia a sí mismo.

A Arielle Ford por su inalterable fe en el conocimiento de sí misma y su entusiasmo y su entrega contagiosos a la tarea de transformar la vida de tantas personas.

Y a Bill Elkus por su comprensión y su amistad.

Primera parte

Entrada en el mundo del mago

La gente quiere saber por qué yo, que procedo de la India, siento tanto interés por los magos. He aquí mi respuesta: en la India todavía creemos que los magos existen. ¿Qué es un mago? No es alguien que sencillamente puede ejercer la magia, sino alguien que puede causar transformaciones.

Un mago puede transformar el miedo en gozo, la frustración en satisfacción.

Un mago puede transformar lo que está limitado por el tiempo en algo intemporal.

Un mago puede llevarte más allá de las limitaciones hacia lo ilimitado.

Cuando me estaba haciendo hombre en la India, sabía que todo esto era verdad. A veces venían a nuestra casa ancianos que vestían túnica blanca y calzaban sandalias y parecían seres muy especiales incluso a un niño cándido como yo. Eran hombres que estaban completamente en paz, que irradiaban gozo y amor, y los grandes altibajos de la vida cotidiana no parecían afectarles en absoluto. Les llamábamos «gurúes», es decir, consejeros espirituales. Pero tardé mucho tiempo en darme cuenta de que gurúes y magos son lo mismo. Toda sociedad tiene sus propios maestros, videntes y curadores; «gurú» era simplemente la palabra con que nosotros denominábamos a los que poseían sabiduría espiritual.

En Occidente se considera que mago es principalmente el que profesa el arte de la alquimia y convierte el vil metal en oro. La alquimia también existe en la India (de hecho, allí se inventó), pero «alquimia» es en realidad una palabra en clave. Significa transformar los seres humanos en oro, transformar cosas infames como el miedo, la ignorancia, el odio y la vergüenza en lo más precioso que hay: el amor y la realización. Por tanto, un maestro que pueda enseñarte a convertirte en una persona libre y amorosa es por definición un alquimista... y siempre lo ha sido.

Cuando ingresé en la escuela de enseñanza secundaria en Nueva Delhi, ya sabía muchas cosas sobre el más famoso de los magos de la tradición occidental, Merlín. Al igual que todo el mundo, me enamoré de él inmediatamente. No tardó en abrirse ante mí la totalidad de su mundo. Conservo aún en mi cabeza docenas de estrofas de *Idilios del rey*, el poema épico de Tennyson que nos hicieron aprender de memoria en los largos y calurosos días de escuela. Devoré todas las otras fuentes de la tradición arturiana que pude encontrar. No me parecía extraño que lo supiera todo sobre el plácido y verde Camelot aunque viviese bajo un feroz sol tropical, que quisiera cabalgar como Lancelot, aunque me hubiese asfixiado dentro de la armadura, ni que la cueva de cristal de Merlín existiese realmente, a pesar de que todos los autores me asegurasen que los magos eran seres míticos.

Yo sabía que lo que decían no era verdad, porque yo era indio y los había conocido personalmente.

Por qué necesitamos magos

Durante treinta años he estado pensando en el conocimiento del mago. He peregrinado a Glastonbury y al West Country,* he subido al Tor y he visto la colina donde se cree que duermen Arturo y sus caballeros. Pero algo más místico, la necesidad de transformación, no cesa de empujarme hacia la magia. Cada año he tenido la sensación de que nuestra época necesita este conocimiento más que nunca. Ahora, convertido ya en adulto, mi profesión consiste en

* La parte occiental de Inglaterra. *(N. del T.)*

hablar y escribir sobre cómo se consiguen una libertad y una realización completas. Hasta hace poco no me percaté de que aquello de lo que estaba hablando era alquimia.

Finalmente, decidí que una manera interesante de abordar este asunto sería por medio de una de las relaciones más portentosas que figuran en los anales, la relación entre Merlín y el joven Arturo en la cueva de cristal. Tal como la presento en este libro, la cueva de cristal es un lugar privilegiado dentro del corazón humano. Es el refugio que ofrece seguridad, donde una voz sabia no conoce el miedo, donde el tumulto del mundo exterior no puede entrar. En la cueva de cristal siempre ha habido un mago y siempre lo habrá... lo único que tienes que hacer es entrar y escuchar.

Las personas modernas viven en el mundo del mago tanto como las de generaciones anteriores. Joseph Campbell, el gran maestro de mitología, dijo que cualquiera que se encuentre en una esquina aguardando que el semáforo se ponga verde está esperando el momento de entrar en el mundo de las hazañas heroicas y la acción mítica. Ocurre sólo que no vemos nuestra oportunidad. Cruzamos la calle sin fijarnos en la espada clavada en la piedra junto al bordillo.

El viaje hacia lo milagroso comienza aquí. Ahora es el mejor momento de empezar. El camino del mago no existe en el tiempo... está en todas partes y en ninguna parte. Pertenece a todo el mundo y a nadie. Así que éste no es más que un libro sobre recuperar lo que ya es tuyo. Como dice la primera oración de la primera lección:

En todos nosotros existe un mago.
Este mago lo ve y lo sabe todo.

Ésta es la única oración del libro que tendrás que aceptar a ojos cerrados. Una vez hayas encontrado al mago que llevas dentro, la enseñanza tiene lugar por sí sola. Durante muchos años esta clase de aprendizaje espontáneo ha sido el centro de mi propia vida cotidiana, esperando con atención las indicaciones del guía interior. Ninguna otra forma de aprendizaje resulta tan fascinante. He oído hablar a Merlín desde las risas que oía en el aeropuerto, desde los árboles susurrantes al bajar andando hasta la playa, incluso desde mi televisor. Una estación de autobuses puede transformarse en la cueva de cristal si eres receptivo a ella.

¿Por qué necesitamos el camino del mago? Lo necesitamos para elevarnos de lo corriente y lo trivial para alcanzar el tipo de significado que tendemos a relegar al mito pero que, de hecho, tenemos a mano, aquí y ahora. Estar vivo significa conquistar el derecho a decir cualquier cosa que desees decir, a ser la persona que quieras ser, y a hacer lo que desees hacer. Camelot era un símbolo de esta clase de libertad. Por esto contemplamos Camelot con tanta nostalgia y tanta admiración. La vida ha sido difícil desde entonces.

En cierta ocasión, un discípulo acudió a un gran maestro y le dijo:

–¿Por qué me siento tan reprimido por dentro, como si quisiera chillar?

El maestro le miró y contestó:

–Porque todo el mundo se siente así.

Todos nosotros queremos extendernos en el amor y la creatividad, explorar nuestra naturaleza espiritual, pero a menudo no lo conseguimos. Nos encerramos en nuestras propias prisiones. Algunas personas, sin embargo, se han escapado de los límites que tanto oprimen la vida. Escucha al poeta persa Rumi, que dice:

–Eres el espíritu no condicionado que es prisionero de las condiciones, como el sol en eclipse.

Ésta es la voz de un mago, que no quiere aceptar que los seres humanos se ven limitados en el tiempo y el espacio. Nos encontramos sólo temporalmente en eclipse. El propósito de aprender de un mago es encontrar al mago que llevamos dentro. Una vez hayas encontrado al guía interior, te habrás encontrado a ti mismo. El yo es el sol siempre brillante que puede verse eclipsado, pero, una vez han pasado las sombras, el sol sencillamente aparece en toda su gloria.

Hay en el presente libro veinte lecciones, cada una de las cuales se imparte desde el punto de vista del mago. Al principio de cada una de las lecciones hay algunos aforismos, fragmentos sucintos de la sabiduría del mago que te ayudarán a trascender la realidad corriente. Léelas todas y deja que su significado penetre en ti. No esperes un resultado, sencillamente permítete la experiencia. No tienes que trabajar ni hacer esfuerzo alguno. Hacer esfuerzos es como tratar de salir de unas arenas movedizas... lo único que consigues es hundirte más en ellas.

El mago interior quiere hablar, y esto ocurre en todos nosotros. Pero el mago necesita una oportunidad, un resquicio. Al igual que los *koans* del zen, los aforismos proporcionan dicho resquicio al causar un cambio en la percepción, que a su vez puede ocasionar un cambio en la realidad personal.

Es necesario hacer que la voz del mago vuelva a la vida cotidiana. He citado la primera oración de la primera lección: *En todos nosotros existe un mago. Este mago lo ve y lo sabe todo.* El resto de la lección dice lo siguiente:

El mago está más allá de los antónimos luz y oscuridad,
bien y mal, placer y dolor.

Todo lo que el mago ve tiene sus raíces
en el mundo invisible.

La naturaleza refleja los estados anímicos del mago.

Puede que el cuerpo y la mente duerman,
pero el mago siempre está despierto.

El mago posee el secreto de la inmortalidad.

Si estas palabras te producen un leve cosquilleo, un hormigueo de reconocimiento, habrán cumplido su misión. Es en verdad emocionante descubrir que no eres un ser oprimido, sino el hijo de lo milagroso. Ésa es la verdad, el único hecho profundo sobre cada uno de nosotros que ha permanecido eclipsado durante demasiado tiempo.

He reunido alrededor de un centenar de tales aforismos y los he ilustrado con episodios sacados del mundo de Merlín y Arturo. No se trata de fragmentos de las leyendas antiguas, sino de parábolas que he situado en aquel tiempo. A veces parece que el episodio ilustrativo no se ajusta a los aforismos con exactitud o con lógica perfecta. Lo he hecho a propósito, porque la mente lineral, con su necesidad de crear orden, no es la única parte de ti que va a andar por el camino del mago. Vas a andar por él en la imaginación, en la esperanza, en la creatividad, en el amor.

En resumen, el camino del mago es el camino del espíritu. Pero la espiritualidad no es enemiga de la racionalidad; es el marco grande donde encaja la razón, una de muchas piezas. Para hablar a la mente lineal, he proporcionado una sección titulada «Entender la lección», que sirve de apoyo a los aforismos y los episodios. En último lugar hay una sección que lleva el título de «Vivir con la lección», en la cual te ayudo a dejar que la sabiduría del mago penetre en tu propia experiencia.

«Vivir con la lección» es la parte activa del camino del mago. Mis sugerencias son sencillamente un principio, maneras de provocar tu propia participación. En definitiva, es tu comprensión la que va a cambiar tu realidad. En la sección «Vivir con la lección» hay algunos ejercicios que pueden parecer pasivos, porque la mayoría de ellos son experimentos con el pensamiento.

¿Qué es un experimento con el pensamiento? Es una manera de conducir tu mente hacia lugares nuevos, de hacerle ver las cosas de forma diferente. Los magos conocían algo profundo e importante: si quieres cambiar el mundo, cambia tu actitud ante él. Una vez, Einstein se echó en un diván, cerró los ojos y vio un hombre que viajaba con la velocidad de la luz. Siguiendo esta imagen intrigante, comenzó a hacer varios experimentos con el pensamiento que aparentemente eran meras reflexiones. En el plazo de unos pocos años, sin embargo, las actitudes de todo el mundo científico experimentarían una transformación al confirmar la naturaleza misma las visiones trascendentales de Einstein.

Si una fantasía que alguien ha tenido mientras yacía en un diván puede alterar el mundo, debe de haber un poder tremendo en los experimentos con el pensamiento. Nada se aprende verdaderamente hasta que se vive. La razón, la experiencia, el espíritu: una vez reunidos estos elementos, se abre el camino del mago, el escenario queda preparado para la alquimia. La sabiduría que hay dentro de ti es como una chispa que, una vez encendida, nunca puede extinguirse.

Para juntarlo todo, sugiero que sigas el siguiente método:

1. Antes de leer una lección, permanece un momento sentado en silencio.

2. Lee los aforismos y luego permanece sentado unos cuantos minutos para absorberlos. Reléelos tan a menudo como quieras. Concédete la oportunidad de tener tus propias reacciones y percepciones... a menudo son las cosas más valiosas que puedes recibir.

3. Prosigue y lee el resto del material correspondiente a la lección: el episodio de Merlín y Arturo, la sección titulada «Entender la lección» y la que lleva el título de «Vivir con la lección».

4. Si «Vivir con la lección» contiene un ejercicio práctico –como ocurre en la mayoría de los casos–, concédete unos cuantos minutos para hacerlo. Si quieres tener la experiencia total, es útil repetirlo durante todo el día.

Relee cada lección con tanta frecuencia como quieras, una o más veces; tómate un día o una semana para vivir con ella. Este proceso no ha de seguir necesariamente un programa fijo. La única advertencia que quisiera hacer es que debes vivir con cada lección durante por lo menos un día en lugar de apresurarte a absorber demasiadas lecciones de una vez.

LOS SIETE PASOS DE LA ALQUIMIA

La tercera parte del presente libro trata de las etapas de transformación a través de las cuales el mago conduce a su discípulo. Yo las llamo «Los siete pasos de la alquimia», que empiezan en el momento de nacer y acaban llevando a una transformación total. La alquimia consiste en convertir cosas en oro, esa sustancia perfecta, incorruptible. En términos humanos, el oro es símbolo de espíritu puro. Si una persona va más allá de toda limitación, se libra de todos sus temores y realiza el espíritu puro que lleva dentro, habrá dado los siete pasos de la alquimia.

No hay viaje más portentoso. En los tiempos de Arturo hubieran dicho que era una búsqueda y el objeto supremo de estas búsquedas era siempre el Santo Grial, el más poderoso de los símbolos del espíritu puro que tenemos. Para mí, por tanto, la alquimia y el Grial son lo mismo. En ambos casos hay una búsqueda profunda del aspecto intemporal de la vida que trae aquello con lo que sueña todo el mundo: amor puro, gozo puro, realización pura en el espíritu.

No importa si lees la tercera parte antes que la segunda. Cada parte tiene su estilo y su método propios, pero ambas proceden del mundo del mago. Merlín vive en ambas y su propósito es siempre el mismo: enseñar a cada uno de nosotros cómo se consigue la perfección que la carne debería heredar.

Finalmente, el libro describe en líneas generales una búsqueda que te llevará de una vida dominada por el ego y toda su lucha a una vida nueva dominada por los milagros. No hay dos personas que aprendan con el mismo ritmo, pero el hambre de milagros es tan fuerte en todo el mundo, que ojalá pudiera estar yo contigo el día en que este conocimiento del mago empiece realmente a hacerse perceptible y, con él, comience tu nueva vida. Te espera nada menos que el pleno florecimiento de tu potencial espiritual.

Nota: Por ser un vidente, el mago no tiene sexo, y si atribuimos a Merlín el género masculino, es sólo por seguir la norma consagrada por el uso (como ocurre en los casos de Dios, profeta, vidente y muchas otras palabras que están mucho más allá de la clasificación en masculino y femenino). «Magia» es una palabra que presenta la misma dificultad, de modo que te ruego que tengas presente que cuando digo «mago» me refiero por igual a mujeres y a hombres. El retorno de lo mágico ha sido recibido por las mujeres, si cabe, con más entusiasmo que cualquier otro segmento de nuestra sociedad.

Segunda parte

El camino del mago

–Hay una enseñanza –dijo Merlín– que se llama «el camino del mago». ¿Has oído hablar de ella?

El pequeño Arturo hizo una pausa en la tarea de preparar una hoguera, que no le estaba saliendo bien, y alzó los ojos. Preparar una hoguera raramente salía bien en las húmedas mañanas de principios de primavera en el West Country.

–No, nunca he oído hablar de eso –contestó Arturo, después de reflexionar unos momentos–. ¿Magos? ¿Te refieres a que hacen las cosas de manera diferente?

–No, sencillamente como las hacemos nosotros –repuso Merlín. Con un leve movimiento del dedo encendió el montón de leña mojada que Arturo había recogido, impaciente al ver la torpeza con que el chico trataba de preparar la hoguera. Al instante se formó una gran llamarada. Merlín abrió entonces las manos y sacó algunos alimentos de la nada: dos patatas y un puñado de setas silvestres–. Pon todo esto en espetones y ásalo, si quieres –dijo.

Arturo asintió con la cabeza, sin inmutarse. Tendría unos diez años. La única persona a la que había conocido en su vida era Merlín. Estaban juntos desde que tenía uso de memoria. Sin duda habría tenido madre, pero no recordaba su rostro, ni siquiera vagamente.

El anciano de las barbas blancas y largas había reivindicado su derecho sobre el bebé real cuando habían transcurrido sólo unas horas desde el nacimiento de éste.

–Soy el último guardián del camino del mago –dijo Merlín–. Y quizá tú serás el último en aprenderlo.

Arturo puso los espetones en el fuego y miró por encima del hombro. Ahora se sentía intrigado. ¿Merlín mago? Nunca se le había ocurrido. Los dos vivían solos en el bosque y en la cueva de cristal. El resplandor de la cueva les daba la luz que necesitaban. Arturo había aprendido a nadar convirtiéndose en pez. Cuando quería comer, los alimentos aparecían o Merlín se los daba. ¿Acaso no era igual para todo el mundo?

–Verás, vas a irte de aquí pronto –prosiguió Merlín–. Cuidado, que no se te caiga esa patata en las cenizas.

Por supuesto, al chico ya se le había caído la patata. Como Merlín vivía retrocediendo en el tiempo, sus advertencias llegaban inevitablemente demasiado tarde, cuando ya había ocurrido algún pequeño desastre. Arturo limpió la ceniza de la patata y volvió a ponerla en el espetón, que estaba hecho con la madera verde de un tilo.

–No importa –dijo Merlín–. Ésta te la puedes comer tú.

–¿Que me iré pronto? ¿Qué quieres decir? –preguntó Arturo.

Sólo había estado en el poblado cercano en raras ocasiones, cuando Merlín iba al mercado, y siempre disfrazados los dos con gruesas capas provistas de capucha. Sin embargo, el chico era muy observador y lo que había visto en la gente le inquietaba.

Merlín dirigió a su discípulo una mirada extraña, de soslayo.

–Voy a mandarte al pantano, o, como dicen los mortales, al mundo. Te he tenido apartado del pantano todos estos años, enseñándote algo que no debes olvidar.

Merlín hizo una pausa efectista, luego dijo:

–El camino del mago.

Después de que pronunciara estas palabras, ninguno de los dos habló, como suele ocurrir en el caso de los que han sido compañeros durante mucho tiempo. Casi respiraban como si los dos fuesen uno, el anciano y el chico, así que Merlín debió de percatarse de la agitación que daba vueltas en el interior de la mente de Arturo como una pantera enjaulada.

Comieron y luego el chico bajó a lavarse en el estanque azul celeste que había ladera abajo. Cuando volvió a la cueva, Merlín estaba tomando el sol sobre una de sus rocas preferidas (lo de tomar el sol era relativo, ya que las nubes acolchadas se habían separado sólo lo suficiente para dejar que un único rayo de sol penetrase entre las capas de los árboles y aterrizara en los blancos cabellos del mago). Las primeras palabras que salieron de la boca del chico fueron:

–¿Qué será de ti?

–¿De mí? No te creas tan importante. Me las arreglaré perfectamente sin tu ayuda, gracias.

En el mismo instante en que soltaba su seca respuesta, Merlín se dio cuenta de que había herido los sentimientos del chico. Pero a los magos no les gusta nada pedir disculpas. Un bonito y largo arco de blanca madera de fresno apareció en el suelo al lado de Arturo, que lo cogió ansiosamente y empezó a encordarlo. Sabía que en el código privado que empleaban los dos el arco era el medio que utilizaba el anciano para pedirle perdón.

–Lo que me preocupa no soy yo mismo –prosiguió Merlín–, sino la pérdida de conocimiento. Como he dicho, puede que seas el último en aprender el camino del mago.

–En tal caso, me aseguraré de que no se pierda –prometió Arturo.

Merlín asintió con la cabeza. No volvió a hablar del camino del mago durante el resto del día ni durante muchos días después de aquél. Una mañana de junio, sin embargo, Arturo, al despertar, se encontró con que su lecho de ramas de pino estaba cubierto de nieve. Tiritando, se incorporó a medias y esparció una nube de copos blancos mientras temblaba envuelto en su manta de piel de ciervo.

–Creía que esto sólo lo hacías en diciembre –dijo, pero Merlín no contestó.

Se encontraba de pie, completamente inmóvil, en medio del círculo de nieve que cubría su campamento. Ante él había una extraña aparición: una piedra muy grande de la cual sobresalía una espada. A pesar del aire frío, la nieve no se pegaba a la piedra y la hoja de la espada se alzaba en el aire, limpia, metro y medio de reluciente acero damasquinado.

–¿Qué es eso? –preguntó Arturo.

La visión de la piedra le conmovía profundamente, aunque no sabía por qué.

–Nada –contestó Merlín–. Recuérdalo y nada más.

Al cabo de un momento, la espada clavada en la piedra empezó a desvanecerse, y cuando Arturo volvió a lavarse la cara y las manos, como todas las mañanas, en el claro del bosque de Merlín hacía calor otra vez, todos los copos de nieve se habían derretido bajo el sol veraniego y la piedra se había esfumado como un sueño. El chico sintió ganas de llorar, pues sabía que la aparición había sido el gesto de despedida de Merlín, de despedida y de recuerdo.

Lo que le ocurrió a Arturo después de salir al mundo ya forma parte de la leyenda. Al cabo de un tiempo, se encontró en Londres una nevada mañana de Navidad ante la catedral donde la espada clavada en la piedra había reaparecido misteriosamente. Con gran asombro de la multitud que salía del templo, Arturo extrajo la espada de la piedra y reivindicó su derecho a ser rey. Libró largas y encarnizadas guerras para vencer a una horda de rivales que aspiraban a ocupar el trono, luego estableció su sede de poder en Camelot. Todos los días vivía los secretos del camino del mago. Finalmente, murió y pasó a la historia. A generaciones posteriores les tocó preguntarse qué había enseñado Merlín a su discípulo durante aquellos años que pasaron en el bosque, antes de que el joven Arturo se acercara a la piedra y asiera el destino por su empuñadura adornada con piedras preciosas.

Después de la caída de Camelot, hizo falta muy poco tiempo para que el mundo de Arturo desapareciera. El país volvió a sumirse en la guerra y la ignorancia, y quedó demostrado que Merlín había sido el último de su clase, como él mismo predijera. Después de él, en la historia de Occidente no aparecen más magos.

Pero Merlín nunca pensó que el camino del mago dependiera de cómo resultase la historia.

–Lo que sé está en el aire –solía decir–. Respirad y estará ahí.

Los magos conocían cosas intemporales y, por consiguiente, el almacén de su conocimiento tiene que estar fuera del tiempo. El camino está abierto. Empieza en todas partes y no lleva a ninguna parte, pero conduce a un lugar real. Todo esto va revelándose mientras escuchamos lo que dice Merlín.

Lección 1

En todos nosotros existe un mago. Este mago lo ve
y lo sabe todo.

El mago está más allá de los antónimos luz y oscuridad,
bien y mal, placer y dolor.

Todo lo que el mago ve tiene sus raíces
en el mundo invisible.

La naturaleza refleja los estados anímicos del mago.

Puede que el cuerpo y la mente duerman,
pero el mago siempre está despierto.

El mago posee el secreto de la inmortalidad.

–Toma –dijo Merlín, ofreciendo una escudilla de sopa al chico–. Pruébala.

Con cierto titubeo, Arturo la probó. Era un delicioso potaje de carne de venado y raíces silvestres que Merlín había sazonado misteriosamente a espaldas de Arturo. De hecho, la sopa estaba irresistiblemente sabrosa y Arturo volvió a meter la cuchara en ella con gesto ansioso, pero Merlín le arrebató la escudilla de la mano.

–Espera, quiero más –musitó el chico, la boca todavía llena.

Merlín negó con la cabeza.

–Todo el banquete está en la primera cucharada –dijo en tono de reprimenda.

Al principio Arturo experimentó una oleada de frustración y decepción, pero luego se dio cuenta de que se sentía tan satisfecho como si se hubiera comido toda la sopa. Más tarde, cuando Arturo se encontraba dormitando a los pies de un árbol, Merlín se le acercó sin hacer ruido y dejó a su lado una gran escudilla de sopa. Mientras se alejaba, el mago musitó:

–Recuerda, ¿de qué servirían todos aquellos años de escuela de magia si no pudiera enseñártelo todo en la primera lección?

Entender la lección

Hace falta toda una vida para aprender lo que el mago puede enseñar, pero todo lo que se revelará a lo largo de años y decenios se encuentra en la primera lección de Merlín. Hace aquí el mago su propia presentación. Describe su manera de abordar la vida, que consiste en resolver los acertijos más profundos de la mortalidad y la inmortalidad. Y todo esto sucede de manera mágica. En primer lugar, Merlín no aparece realmente bajo una forma física. Las formas no tienen importancia para Merlín. Ha visto mundos que venían y se iban, ha sobrevivido al cataclismo de los eones y su reacción es la misma ante todo: ve.

Los magos son videntes. ¿Qué es lo que ven? La realidad en su conjunto y no en sus muchas partes.

–¿Siempre has sido mago? –preguntó el pequeño Arturo.

–¿Cómo podía serlo? –contestó Merlín–. En otro tiempo andaba por ahí igual que tú, y cuando miraba a una persona, lo único que veía era una forma hecha de carne y huesos. Pero al cabo de un tiempo me fijé en que una persona vive en una casa que es una extensión de ese cuerpo: las personas infelices con emociones desordenadas viven en casas desordenadas; las personas felices, contentas, viven en casas ordenadas. Fue una observación sencilla, pero, al cabo de un tiempo, pensé: «Cuando veo una casa, en realidad estoy viendo más de esa persona».

»Luego mi visión se hizo más amplia. Cuando veía una persona, no podía evitar ver también a su familia y sus amigos. Eran también extensiones de ella que me decían muchas cosas sobre quién era realmente esa persona. Y mi visión continuó ampliándose. Empecé a ver debajo de la máscara de la apariencia física. Veía emociones, apetencias, temores, deseos y sueños. Sin duda alguna, estas cosas forman parte de una persona también, si tienes ojos para verlas.

»Empecé a observar la energía que toda persona irradia. Para entonces, la disposición física de la carne y los huesos ya casi había perdido toda su importancia, y pronto vi mundos dentro de mundos en todas las personas con las que me encontraba. Entonces me percaté de que toda cosa viva es el universo entero, sólo que vestida con un disfraz diferente.

–¿Esto es realmente posible? –preguntó Arturo.

–Llegará un día en que te darás cuenta de que dentro de ti puede encontrarse el universo entero, y entonces serás un mago. Como mago, tú no vives en el mundo, sino que el mundo vive en ti.

»Siglo tras siglo, se ha buscado al mago dondequiera que viviese... en profundos bosques o cuevas, torres o templos. El mago también ha viajado bajo nombres diferentes: filósofo, hechicero, vidente, chamán, gurú. "Dinos por qué sufrimos. Dinos por qué nos hacemos viejos y morimos. Dinos por qué somos demasiado débiles para crear una vida buena para nosotros." Sólo a un mago podían los mortales hacerle tantas preguntas difíciles.

»Después de escuchar con mucha atención, los magos, maestros y gurúes decían todos lo mismo. "Puedo poner remedio a esta masa de ignorancia y dolor si comprendes una sola cosa. Yo estoy dentro de ti. Esta persona independiente de ti con la que parece que estás hablando no es independiente de ti. Somos una única persona, y en el nivel donde somos una única persona, ninguno de tus problemas existe."

Una vez, al lamentarse Arturo de que Merlín le tuviese en el bosque y sólo le permitiera atisbar brevemente el mundo, Merlín soltó un bufido.

–¿El mundo? ¿Cómo supones que viven esas personas, las que has visto en el poblado? Se preocupan por el placer y el dolor, buscan el primero y evitan desesperadamente el segundo. Estando vivas, malgastan su vida preocupándose por la muerte. Enriquecerse o caer en la pobreza les obsesiona de forma constante y alimenta sus temores más hondos.

Por suerte, el mago que llevamos dentro no experimenta nada de todo esto. Como ve la verdad, no ve la falsedad, porque el efecto de los antónimos –placer y dolor, rico y pobre, bueno y malo– sólo parece real hasta que aprendes a ver dentro de la estructura del mago, que es mayor. Sin embargo, es innegable que este drama de la vida cotidiana es muy real para las personas corrientes. El espectáculo exterior de la vida *es* vida si sólo crees en tus sentidos, en lo que ves y palpas.

Los mortales recurrían a los magos para que pusieran remedio a esta obsesión con las apariencias y este anhelo de significado. Los mortales pensaban que tenía que haber algo más que vivir, sin saber exactamente qué podía ser ese algo más.

–Dedica tiempo a meditar no sobre *lo que* ves –aconsejó Merlín a Arturo–, sino sobre *por qué* lo ves.

Así pues, la primera lección se reduce a lo siguiente: mira más allá de tu yo limitado para ver tu yo ilimitado. Perfora la máscara de la mortalidad y encontrarás al mago. El mago está dentro de ti y solamente allí. Una vez le hayas encontrado, tú también serás un vidente. Pero lo que tú puedes ver se manifiesta en su momento, paso a paso. Antes de la visión está la sensación de que en la vida hay algo más que lo que estás viviendo. Es como una vocecita que susurra: «Encuéntrame». La voz que llama está desprovista de emoción, es pacífica, contenta dentro de sí misma... y escurridiza. Es la voz del mago, pero es también tu propia voz.

Vivir con la lección

Los aforismos de Merlín actúan con sutileza, como el agua que va penetrando en la tierra. El agua que hoy brota de la tierra cayó bajo forma de lluvia hace miles, incluso millones, de años. Nadie sabe mucho acerca de la vida de esa agua escondida, adónde va, qué le sucede entre las piedras ocultas en las profundidades. Pero un día, al ser liberada por la gravedad, surge de las tinieblas y, aunque parezca asombroso, el agua brota completamente pura y fresca.

Lo mismo ocurre con Merlín. Si estás sentado en silencio y escuchas durante unos minutos, las palabras empezarán a penetrar. Deja que penetren y luego deja que la sabiduría haga su labor. No esperes ni preveas ningún resultado y limítate a prestar atención a lo que suceda. Lo que suceda es bueno.

Esta primera lección habla de encontrar al mago y apreciar su punto de vista, que es muy diferente del punto de vista que adopta la mente o las emociones. Las emociones sienten y reaccionan. Son inmediatas, como los tentáculos de una anémona de mar, que responden instantáneamente a las sensaciones. El dolor causa contracciones emocionales; el placer hace que te extiendas y te sientas liberado.

La mente, en cambio, actúa de forma mucho menos inmediata. Lleva un inmenso fichero de recuerdos que revuelve de modo constante. Compara lo nuevo con lo viejo y pronuncia un veredicto: esto es bueno, aquello es malo; esto vale la pena repetirlo, aquello, no. Así pues, las emociones dan una respuesta inmediata, sin pensarlo antes, a cualquier situación, de la misma manera que un bebé sonríe o llora espontáneamente. La mente consulta su banco de recuerdos y da una reacción retardada.

El mago no tiene ninguna de estas reacciones, ni la inmediata ni la retardada... Merlín sencillamente es. Ve el mundo y le deja ser lo que sea. Sin embargo, esto no es un acto pasivo. La base de todo lo que hay en el mundo del mago se apoya en la percepción de que «Todo esto es yo mismo». Por consiguiente, al aceptar el mundo tal como es, el mago lo contempla todo bajo la luz de la aceptación propia, que es la luz del amor.

Parece extraño que la definición del amor que hace el mago esté envuelta en silencio. Para las emociones, el amor es una oleada de sentimiento, una atracción muy activa hacia algún estímulo irresistible. La mente tiene sus propios caminos, pero no son tan distintos: la mente ama lo que repita una experiencia agradable del pasado. «Amo esto» significa básicamente «Amo repetir lo que resultó tan agradable antes».

Así pues, tanto la mente como las emociones son selectivas. Escoger con cuidado no es malo, pero requiere esfuerzo. Aunque a todos nos han enseñado que el esfuerzo es bueno, que nada se consigue sin trabajo, no es así. Ser no puede conseguirse por medio del esfuerzo; el amor, tampoco.

En un nivel más sutil, escoger con cuidado también lleva aparejado el rechazo. La mente se concentra en las cosas de una en una. Antes de que puedas decir «Me gusta eso», tienes que rechazar todas las demás opciones. Las cosas que rechazamos tienden a estar influidas por el miedo. La mente y las emociones no son neutrales ante el dolor y el sufrimiento, sino que los temen y los rechazan. Este hábito de escoger con cuidado acaba consumiendo mucha energía, toda vez que tu mente vigila de forma constante, está atenta en todo momento para evitar que no se repitan el dolor, la decepción, la soledad y muchas otras experiencias dolorosas. ¿Qué espacio queda para el silencio?

Sin silencio no hay espacio para el mago. Sin silencio no puede haber ninguna apreciación real de la vida, que en sus tejidos interiores es tan delicada como un capullo de rosa cerrado. Cuando los mortales acudían a pedir consejo a los magos, les empujaba el hecho de haberse fijado en que los magos no viven con miedo. Los magos aceptan, incluso reciben con alegría, lo que les sucede, sea lo que sea.

–¿De dónde sacáis esta tranquilidad de ánimo? –preguntaban los mortales.

Y la respuesta de los magos era:

–Mirad dentro de vosotros mismos, donde hay sólo paz.

Así que el primer paso para entrar en el mundo de Merlín consiste en reconocer que existe... eso es suficiente. Mientras permaneces sentado con esta lección, puede que tu mente se rebele y exclame «¡No!» ante la simple idea de que hay otro punto de vista válido, un camino que no es el suyo. Cabe que tus emociones participen en esta oleada de desconfianza, ansiedad, aburrimiento, escepticismo, desprecio... lo que sea. No opongas resistencia a estos sentimientos. Son simplemente viejas y habituales maneras de escoger con cuidado. Tu mente adquiere importancia rechazando. Durante años te ha servido con fidelidad manteniendo a raya las cosas desagradables. Lo que cabe preguntarse es si las tácticas de la mente dieron buen resultado. Puede que logre hacerte inteligente, pero la mente no reúne las condiciones necesarias para hacer que te sientas feliz, satisfecho, en paz contigo mismo.

Merlín no discute con la mente. Todos los debates se generan pensando, y el mago no piensa. El mago ve. Y ésa es la clave de lo milagroso, porque lo que puedas ver en tu mundo interior harás que exista en el mundo exterior. Vive con esta primera lección, deja que el agua de la sabiduría empiece a penetrar en los pasajes secretos que hay dentro de tu ser, y observa. El mago está dentro de ti y sólo quiere una cosa: nacer.

Lección 2

El retorno de lo mágico sólo puede suceder
con el retorno de la inocencia.

La esencia del mago es la transformación.

Todas las mañanas el pequeño Arturo bajaba a un estanque del bosque para lavarse. Siendo un chico típico, no sentía grandes deseos de hacer esta tarea. A menudo le distraía el parloteo de las ardillas rojas, las urracas o cualquier cosa que pudiera ser más interesante que el jabón y el agua.

A Merlín no le preocupaba demasiado la suciedad que iba acumulándose visiblemente en el rostro de su discípulo, y también alrededor del cuello y en todo el resto de su persona. Pero finalmente llegó un día en que el mago no pudo reprimirse y exclamó:

–¡Podría plantar judías detrás de tus orejas! No importa que sólo pases unos momentos junto al estanque, pero haz algo mientras estés allí.

Arturo bajó la cabeza.

–No me atrevía a confesarlo, Merlín, pero cuando me inclino sobre el agua, no puedo ver mi propio reflejo. No puedo ver dónde he de lavarme o siquiera qué aspecto tengo.

Al alzar los ojos, el chico vio con asombro que Merlín estaba fuera de sí a causa de la alegría.

–Toma –dijo, depositando una voluminosa esmeralda en la mano del chico a modo de recompensa (Arturo la usaría más adelante para saltar por encima del agua)–. Pensé que tu desobediencia era una señal de pérdida de inocencia, pero ahora veo que estaba equivocado. Al no tener reflejo, no tienes imagen de ti mismo. Cuando no te distrae la imagen de ti mismo, sólo puedes hallarte en el estado de inocencia.

La inocencia es nuestro estado natural, antes de que quede cubierta. Lo que la cubre es la imagen de uno mismo. Cuando nos miramos, incluso cuando tratamos de ser totalmente sinceros, vemos una imagen que ha ido haciéndose a lo largo de muchos años, en capas que forman un complejo tejido. Las líneas y las arrugas que aparecen en el rostro de una persona cuentan la historia de la felicidad y la tristeza pasadas, de triunfos y derrotas, de ideales y experiencias. Es casi imposible ver algo más.

El mago se ve a sí mismo en todas partes donde mira porque su vista es inocente. No la nublan juicios, rótulos y definiciones. Un mago todavía sabe que tiene un ego y una imagen de sí mismo, pero estas cosas no le distraen. Las ve sobre el telón de fondo de la totalidad, de todo el contexto de la vida.

El ego es «yo»; es tu punto de vista singular. En la inocencia este punto de vista es puro, igual que una lente transparente. Pero sin inocencia el enfoque del ego distorsiona muchísimo. Si piensas que conoces algo –y en ese algo estás incluido tú mismo–, en realidad estás viendo tus propios juicios y rótulos. Las palabras más sencillas que usamos para describirnos unos a otros –tales como «amigo», «familiar», «extraño»– están cargadas de juicios. El enorme abismo semántico que hay entre «amigo» y «extraño», por ejemplo, está lleno de interpretaciones. A un amigo se le trata de una manera, y a un enemigo, de otra. Aun cuando no saquemos estos juicios a la superficie, nublan nuestra visión del mismo modo que el polvo oscurece una lente.

Como no tiene rótulos para las cosas, el mago las ve de nuevo. Para él no hay polvo en la lente, de manera que el mundo reluce de novedad. La misma canción apenas perceptible se oye en todo: «Mírate». Podríamos definir a Dios diciendo que es alguien que mira a su alrededor y sólo se ve a sí mismo, en todas las direcciones en que mire. En la medida en que hemos sido creados a imagen de Dios, nuestro mundo es también un espejo.

Este punto de vista de los magos les pareció muy extraño a los mortales, pues su interés se veía atraído en una dirección completamente distinta. Miraban hacia fuera y quedaban fascinados por las cosas, y anhelaban dar nombre a todas las cosas que veían y luego usarlas. Había que dar nombre a todas las aves y demás animales. Las plantas debían cultivarse para obtener alimento o por placer. Las tierras existían para ser exploradas y conquistadas.

Merlín casi no mostraba interés alguno por nada de todo esto. Con frecuencia los magos no conocen el nombre de las cosas más vulgares, como los robles, los gamos o las constelaciones. Sin embargo, un mago podía pasarse horas contemplando un roble nudoso, una hembra de gamo comiendo o el cielo nocturno, y cada momento de esa contemplación lo absorbía todo.

Los mortales querían compartir esta clase de atención extasiada. Cuando le preguntaron cuál era el secreto de cómo contemplar el mundo de nuevo, con ojos gozosos, Merlín dijo:

–Carecéis de inocencia. Después de ponerle un rótulo a una cosa, dejáis de ver esa cosa y, en vez de ella, veis su rótulo.

Ilustrar esta afirmación resultó bastante fácil. Si dos caballeros que no se conocían se encontraban en el bosque, buscaban inmediatamente el emblema o la banderola que les decía si el otro era amigo o enemigo. Tan pronto como veían esta señal, los caballeros podían actuar, pero no antes de verla. Si el otro era amigo, se le podía abrazar, darle la bienvenida al festín, invitarle a contar historias. Con un enemigo sólo se podía combatir.

Esta obsesión con poner rótulos a las cosas, según Merlín, es la actividad de la mente, pura y simple. La mente no puede reaccionar sin un rótulo. Llevamos millones de rótulos en la cabeza, y nuestra mente puede repasar estos rótulos con la rapidez de un relámpago. La velocidad de la mente es deslumbrante, pero la velocidad no nos salva de lo trillado. Las cosas en las que puedes pensar ya las has experimentado, y de las cosas que ya hayas experimentado acabarás cansándote.

–¿Os extraña que no podáis contemplar un roble o un ciervo o una estrella durante más de un minuto? –dijo Merlín–. Puedo oír como vuestra mente prácticamente gruñe y dice: «¡Otra vez lo mismo!», y entonces emprendéis la búsqueda de algo nuevo.

–No veo por qué esto ha de ser un problema tan grande –dijo uno de los ancianos de un poblado–. El mundo es vasto, y la naturaleza está llena de aspectos y transformaciones fascinantes.

–Eso es verdad –reconoció Merlín–, pero, según tu argumento, nada podría resultar jamás viejo y aburrido. La infinidad de cosas que hay *ahí fuera* no puede negarse. Pero el aburrimiento es una queja común entre los mortales, ¿no es así?

El anciano movió la cabeza afirmativamente.

–Has pronunciado la palabra apropiada, sin embargo –continuó diciendo Merlín–. «Transformación.» Pero es tu yo el que tiene que transformarse constantemente. No puedes llevar el mismo yo viejo al mundo y esperar que el mundo sea nuevo para ti.

El mago nunca ve la misma cosa dos veces de la misma manera. Así, al mirar fijamente en el bosque, más que estar absorto en la contemplación de un ciervo, lo está en la de alguna faceta nueva del animal: su dulzura, su gracia, su timidez o su delicadeza. Cuando el ojo es nuevo, cualquiera puede ver estas cualidades. Se despliegan como los pétalos de una rosa. Debes tener paciencia, pero vale la pena esperar para verlas. Tu propia inocencia es la única flor que existe. Nunca se marchita, y, debido a ello, el mundo tampoco se marchita jamás.

Vivir con la lección

Después de haber leído esta lección, durante un momento trata de recuperar un poco de inocencia. Es más fácil de lo que la gente se imagina. Lo primero que hay que saber es lo que *no* debe hacerse. No juzgues el actual estado de tu ser. Puede que estés cansado o deprimido. Puede que lleves dentro mucha ira o miedo o deseos de culpar a alguien y que quieras expulsarlo. Olvídate de todo esto durante un momento, porque la inocencia, según nos enseña Merlín, está más allá de la mente.

Mira esta lista de palabras:

Pesado
Ligero
Negro
Blanco
Sol
Luna

Tómalas de una en una y experimenta estas cualidades. No importa si eres la clase de persona que evoca imágenes en vez de sentimientos, o conceptos en lugar de objetos concretos. Cualquier método saldrá bien. ¿Te has fijado en que es imposible que tu mente evite experimentar cierta sensación de pesadez, ligereza, negrura, blancura, etcétera? De hecho, ni tan sólo has podido leer las palabras sin evocar como mínimo un leve sabor de cada una de estas cualidades.

Hace falta tu participación para que existan estas cualidades. Si tu participación es inocente, entonces existirán de una forma fresca, nueva. Así es como ve un pintor, que mira una cesta de fruta, una barca, una nube, pero, en lugar de ser el receptor pasivo de estas cosas, las crea por medio de la visión. Las imbuye de su propio espíritu.

Y lo mismo hacemos todos, incluso en la acción más simple de ver una cosa corriente. Esta experiencia demuestra que la inocencia no puede perderse, sólo puede cubrirse con otra cosa. El secreto de ver inocentemente consiste en ver desde un nuevo punto de vista, *un punto de vista que no esté condicionado por lo que esperas ver.*

–Si realmente pudieras ver aquel árbol que hay allí –dijo Merlín–, quedarías tan atónito que te caerías al suelo.

–¿De veras? Pero ¿por qué? –preguntó Arturo–. No es más que un árbol.

–No –dijo Merlín–. No es más que un árbol en tu mente. Para otra mente es una expresión de espíritu y belleza infinitos. En la mente de Dios es un hijo querido, más dulce que cualquier cosa que puedas imaginar.

Mientras pueda captar el color, la luz, la densidad y la sensación del mundo, *la mente está percibiéndose a sí misma.* La palabra «pesado» o «blanco» te produce una sensación interior que te pertenece sólo a ti. No hay ninguna pesadez o blancura «ahí fuera» si no estás tú para percibirla; la visión, el sonido, el tacto, el sabor o el olor no existen salvo como pequeñas titilaciones de tu conciencia. Envía una cámara a la luna, filma todos los cráteres y valles y trae la película a la tierra. Si no hay ningún ser humano que vea la película, ésta no tiene ninguna imagen en ella, sólo preparaciones químicas que han reaccionado a una combinación momentánea de fotones. La película está tan muerta como la propia luna. Merlín diría que si nadie contempla la imagen de la luna, tampoco hay ninguna luna.

Por tanto, es importantísimo contemplar el mundo inocentemente, porque sólo así tiene vida el mundo. Tu ojo da vida a todo lo que ve. Detrás de cada molécula de existencia tiene que haber conciencia e inteligencia; de no ser así, el universo sería un remolino fortuito de gases inertes y estrellas muertas, un vacío deseoso de recibir la semilla de la existencia. Sin inteligencia, no hay vida alguna, sólo actividad. Cada mirada que diriges más allá de tu ventana introduce la semilla de la vida en la creación. Por eso Merlín se tomaba muy en serio el trabajo de contemplar los robles, los ciervos y las estrellas. No quería que muriesen; amaba la vida.

Esta lección se reduce a decir: «Ve inocentemente y darás vida». Ése es el credo mágico de acuerdo con el cual vivía Merlín. A los mortales les costaba comprender algo tan sencillo porque era contrario a su prejuicio más hondo, el que decía: «El mundo viene primero, y yo, en segundo lugar». Pero nosotros mismos no estaríamos vivos si algún ser inocente no nos hubiera visto primero. Ésa fue la lección que plantó la semilla de todo el universo, y fue una acción de amor. Conocerás tu propia inocencia otra vez cuando puedas ver el amor que respira dentro de todo ápice de creación.

Lección 3

El mago contempla cómo el mundo viene y se va,
pero su alma mora en reinos de luz.

El escenario cambia, el vidente sigue siendo el mismo.

Tu cuerpo no es más que el lugar que tus recuerdos llaman «hogar».

Merlín prefería evitar a los mortales, no verles, pero a veces, cuando el verano tocaba a su fin, podía vérsele sosteniéndose sobre un solo pie en el borde de un campo. Algunos agricultores se acercaban a él empujados por la curiosidad, pero Merlín permanecía inmóvil como una estatua, sin hacer el menor ruido ni darse por enterado de su presencia.

En tales ocasiones Arturo pensaba que su maestro parecía una grulla vieja que se disponía a pescar algún pez en el pantano. Un día, cuando Merlín llevaba ya varias horas mirando fijamente un estanque, el chico no pudo resistir la tentación de preguntarle qué estaba mirando.

–No puedo decirlo con exactitud –contestó Merlín–. He visto una libélula y quería examinarla con más detenimiento. Ha cruzado volando mi camino como un sueño agitado, pero al cabo de un momento olvidé si estaba soñando con la libélula o ella estaba soñando conmigo.

–La respuesta es obvia, ¿no? –dijo Arturo.

Merlín dio al chico un fuerte coscorrón en la cabeza.

–Tú piensas que tus sueños existen aquí, dentro. Pero yo me encuentro a mí mismo en todas partes, así que, ¿quién sabe qué parte de mí está soñando con otra parte?

Al mago que hay dentro de cada uno de nosotros también podríamos llamarle «el testigo». El papel del testigo no consiste en entrometerse en el mundo cambiante, sino ver y entender. El testigo no descansa... permanece despierto incluso cuando tú estás soñando o duermes sin soñar. Por consiguiente, no necesita ver por medio de tus ojos, lo cual parece muy mágico. ¿Acaso no es el ojo el órgano esencial de la vista?

La energía y la información son básicas en todo lo que podemos ver, oír o tocar en el mundo relativo... cada átomo puede dividirse en estos dos componentes. Sin embargo, en su estado primordial estos ingredientes carecen de forma. Un haz de energía puede alejarse en un remolino caótico igual que una bocanada de humo; la información puede dividirse en puntitos fortuitos de datos. Hace falta otra fuerza para que organice el orden portentoso de la vida: la inteligencia. La inteligencia es la cola de pegar del universo.

Para el mago, esto no es simplemente un concepto teórico, porque el mago puede ver con su propio ojo interior que *él es esa inteligencia.* Los mortales se sienten desconcertados ante semejante inteligencia, toda vez que no es de la mente. Están acostumbrados a conocer cosas, pero no al *conocimiento* mismo.

–El más brillante de los mortales –dijo Merlín– no es mejor que el mayor de los imbéciles en cuanto ambos se acuestan. Sueñan las mismas pesadillas pavorosas y les preocupa la muerte. El miedo nace con ellos y no pueden gozar del menor placer sin saber que desaparecerá.

El conocimiento del mago sigue estando presente incluso cuando duerme. La inteligencia despierta, siempre consciente, omnisciente, universal no es para el mago una lejana fuerza creativa. Vive en todos los átomos. Es el ojo que hay detrás del ojo, la oreja detrás de la oreja, la mente detrás de la mente.

De modo que no es necesario que el mago esté despierto con los ojos abiertos para ver. Ver en el sentido más profundo de la palabra puede tener lugar mientras soñamos o dormimos, porque ver significa estar despierto ante la inteligencia del universo. Cuando el testigo se halla plenamente presente, todo se entiende.

El conocimiento del mago es un conocimiento puro que no depende de factores externos. Es el agua de la vida sacada directamente de la fuente. Sean cuales fueren los cambios que se produzcan en el universo, el conocimiento del mago no puede cambiar... el escenario viene y va, el vidente sigue siendo el mismo. Antes de encontrar al mago que hay dentro de nosotros, todos dependemos de nuestros sentidos y de nuestra mente para conocer lo que conocemos. El nuestro es un conocimiento aprendido. Está almacenado en la memoria y catalogado de acuerdo con lo que nos interesa; es, pues, selectivo. El conocimiento del mago es innato.

Una vez Arturo se llevó un susto de muerte cuando Merlín se puso a correr de un lado para otro blandiendo como un loco un enorme cuchillo de carnicero.

–¿Qué estás haciendo? –preguntó el chico, horrorizado.

–Pensando –repuso Merlín–. ¿Tú no piensas de esta manera?

–No –contestó Arturo.

De pronto Merlín se detuvo.

–Ah, entonces debo de estar equivocado. Tenía la impresión de que todos los mortales utilizaban su mente como si fuera un cuchillo, cortando y disecando. Quería ver cómo era eso. Si me permites decirlo, hay mucha violencia escondida en lo que vosotros los mortales llamáis «racionalidad».

La mente del mago es como una lente que recoge lo que ve y permite que todo pase por ella sin distorsionarlo. La ventaja de este tipo de conciencia es que une, mientras que la mente racional separa. La mente racional mira «ahí fuera», contempla un mundo de objetos en el tiempo y el espacio, mientras que el mago lo ve todo como parte de sí mismo. En lugar de «ahí fuera» y «aquí dentro», hay solamente una corriente ininterrumpida.

De ahí que Merlín afirmara que apenas podía distinguir si él soñaba con la libélula o ésta soñaba con él. Sólo en la separación, tal como la veía la mente, había una diferencia. En el ojo del mago, ambas cosas eran una misma.

Vivir con la lección

No es fácil explicar en qué consiste ser testigo. En un estado de vigilia normal y corriente, todos vemos objetos, pero el testigo ve *luz.* Se ve a sí mismo como un foco de luz, el objeto como otro foco, todos en el contexto de un reino vasto y cambiante donde no hay nada salvo luz.

La luz es una metáfora que se refiere a estados superiores del ser. Cuando alguien ha tenido una experiencia casi mortal y dice: «Entré en la luz», lo que quiere decir es que experimentó un grado más puro de sí mismo. La luz puede tomar la imagen del cielo o de otro mundo, pero para el mago nuestro mundo corriente y normal es también sólo una imagen. También es una proyección de la conciencia.

–Toda conciencia es luz –dijo Merlín–, toda luz es conciencia.

Las fronteras que señalamos para dividir el cielo de la tierra, la mente de la materia, lo real de lo irreal son simplemente mecanismos. Una vez hechas las fronteras, podemos deshacerlas con la misma facilidad.

Mira esta página atentamente. La ves como objeto. Es sólida en la medida en que está hecha de fibras de madera transformadas en papel, pero es abstracta por cuanto está hecha de ideas. ¿Es una página una cosa de papel, una cosa de ideas, o ambas? Observa con qué facilidad puedes verla como ambas cosas, pero observa también que no puedes ver ambas cosas a la vez. Dicho de otro modo, es posible la coexistencia de realidades diferentes, pero cada una de ellas respeta su propio nivel de ser. Una palabra no es más que puntitos de tinta en un nivel, pero es la clave de una idea en otro.

Todo estado del ser, desde el más puro y más inmaterial hasta el más basto y más sólido, depende del observador. Si quisiéramos, podríamos disolver la página sólida, transformarla en nada, del modo siguiente: la página está hecha de papel, el papel se compone de moléculas, las moléculas son agrupaciones de átomos, los átomos son haces de energía en el nivel cuántico, y los haces de energía consisten en un 99,99999 por ciento de espacio vacío. Dado que la distancia entre un átomo y el siguiente es inmensa –proporcionalmente mayor que la distancia que hay entre la tierra y el sol–, sólo puedes decir que esta página es sólida si también estás dispuesto a decir que el espacio entre nosotros y el sol es sólido.

Esta experiencia de convertir cosas aparentemente sólidas en nada también puede hacerse al revés. A partir del espacio «vacío», puedes construir haces de energía, átomos, moléculas y así sucesivamente, subiendo por la cadena de la creación hasta llegar a cualquier objeto que desees, inclusive tu propio cuerpo. La mano que vuelve esta página es una nube de energía, y la única manera de que puedas sentir tu mano o de que ésta pueda sentir la página es por medio de un acto de conciencia. Otros haces de energía, tales como la luz ultravioleta que te rodea, se libran por completo de tu atención. Así pues, las idas y venidas del mundo dependen por completo de la facultad de la percepción. Fuiste creado como vidente con el fin de que el mundo existiera como cosa que ver. Sin ojos, el mundo sería invisible.

Ahora podemos tomar esta comprensión y dar un paso más. Todo lo que hay en la tierra se nutre del sol, que es sólo una estrella. Los alimentos que comes son luz solar convertida, y al comerlos, creas un cuerpo que tiene la misma fuente. Dicho de otro modo, cuando comes no eres más que un ejemplo de luz solar absorbiendo luz solar. Esta luz, aunque cobra muchas formas, desde remolinos de gases y cuasares hasta un conejo mordisqueando hojas de trébol, es sólo una luz. No tiene ubicación, pero está en todas partes. Tú pareces tener una ubicación, pero eso sólo es verdad porque en este mismo instante estás llevando a cabo el acto supremamente creativo de transformar el universo de luz en un solo foco, tu mente y tu cuerpo.

–Me gustaría hacer milagros –dijo un día Arturo en tono suplicante.

–Este mundo existe debido a ti –contestó Merlín–. ¿No te parece suficiente milagro?

El mago lleva este razonamiento mágico hasta sus consecuencias últimas. Si la visión hizo que el mundo fuera visible, ¿quién o qué creó la visión? ¿Quién vio el ojo antes de que el ojo viera algo? La respuesta es la conciencia. El vidente que hay detrás del ojo no es más que la conciencia misma, que da a luz nuestros sentidos para que éstos puedan a su vez dar a luz todo lo que nos rodea.

Esto no es un misterio metafísico. Dentro del útero de una madre el embrión nace como célula única sin ningún sentido; luego evoluciona y se convierte en múltiples células que se arraciman en regiones concretas que se concentran en varias funciones; y, finalmente, esas funciones aparecen bajo la forma de ojos, orejas, lengua, nariz, etcétera. Un ojo no se parece en absoluto a una oreja, pero sus formas diferentes son engañosas. Todos tus sentidos estaban dentro de aquella primera célula fecundada bajo la forma de información en clave.

La información es sólo conciencia que se ha hecho manifiesta de forma que puede almacenarse... igual que el presente libro. Si tú no supieses lo que es un libro, dirías que es sencillamente una colección de señales en algún código extraño, cuando, de hecho, es un cauce que permite que una conciencia se comunique con otra.

Al modo de ver de Merlín, el mundo entero era algo que le permitía hablar consigo mismo.

–Si alguna vez olvidas algo –hizo saber a Arturo–, el bosque te lo recordará.

–He olvidado montones de cosas que el bosque no me recordó –protestó el chico.

–No es verdad –repuso Merlín–. La única cosa que puedes olvidar eres tú mismo, y puede encontrarse debajo de cada árbol.

¿Por qué existe el mundo? Porque una conciencia vasta quiso escribir el código de la vida y desplegar sus hilos de un lado a otro de la página del tiempo. No es extraño que un mago no pueda decir dónde termina su propio cuerpo y empieza el mundo. ¿Estás soñando con este libro o este libro está soñando contigo?

Lección 4

¿Quién soy yo? Es la única pregunta que merece hacerse
y la única que nunca recibe respuesta.

Es tu destino interpretar infinidad de papeles,
pero estos papeles no son tú mismo.

El espíritu es no local, pero deja tras de sí una huella dactilar,
a la cual llamamos «cuerpo».

Un mago no cree ser un acontecimiento local
que sueña con un mundo más amplio.
Un mago es un mundo que sueña con acontecimientos locales.

Merlín desapareció del mundo de Arturo durante muchos años; luego, un día, reapareció súbitamente y salió del bosque y anduvo hasta Camelot. Lleno de alegría al ver a su maestro, el rey Arturo ordenó que se celebrase un banquete real en su honor. Pero Merlín parecía aturdido y miraba a su antiguo alumno como si nunca antes le hubiera visto.

–Quizá asistiría al banquete, si eres quien yo creo que eres –dijo Merlín–. Pero dime la verdad, ¿quién eres tú? –Arturo quedó asombrado, pero antes de que pudiera protestar, Merlín se dirigió a la corte reunida y dijo en voz alta–: Ofreceré esta bolsa de oro en polvo a quien pueda decirme quién es esta persona. –E inmediatamente apareció en sus manos una bolsa repleta de puro oro en polvo.

Desconcertados y disgustados, ninguno de los caballeros de la Tabla Redonda se ofreció a satisfacer a Merlín. Luego un joven paje se aventuró a decir:

–Todos sabemos que esta persona es el rey.

Merlín dijo que no con la cabeza y ordenó secamente al paje que abandonase la sala.

–¿Ninguno de vosotros sabe quién es esta persona? –insistió el mago.

–Es Arturo –dijo otra voz–. Hasta los tontos lo saben.

Merlín localizó la procedencia de la voz –una anciana sirvienta que estaba en el rincón– y también a ella le ordenó que saliera. Toda la corte se llenó de murmullos de confusión, pero pronto el desafío del mago se convirtió en un juego.

Empezaron a oírse varias respuestas: el hijo de Uther Pendragón, gobernante de Camelot, soberano de Inglaterra. Merlín no aceptó ninguna de ellas, y tampoco las más ingeniosas, tales como que era hijo de Adán, flor de Albión, un hombre entre hombres, etcétera. Al final intervino Guinevere en persona:

–Éste es mi amado esposo –musitó.

Merlín se limitó a menear la cabeza. Una tras otra fue despidiendo a todas las personas presentes hasta que en la gran sala quedaron sólo el mago y el rey.

–Merlín, nos ha vencido a todos –reconoció Arturo–. Pero estoy seguro de saber quién soy. Por tanto, mi respuesta es la siguiente: Soy tu viejo amigo y discípulo.

Después de un brevísimo titubeo, Merlín rechazó esta última respuesta como hiciera con todas las demás y el rey no tuvo más remedio que abandonar la sala. Sin embargo, la curiosidad le empujó hacia una puerta que estaba abierta y desde la cual podía ver el interior de la sala espaciosa. Con gran sorpresa, vio como Merlín se acercaba a una ventana, abría la bolsa y arrojaba el oro en polvo al aire.

–¿Por qué has tirado ese oro precioso? –preguntó Arturo desde la puerta, incapaz de reprimirse.

Merlín alzó los ojos.

–Tenía que hacerlo –contestó–. El viento me ha dicho quién eres.

–¿El viento? Pero si no ha dicho nada.

–Exactamente.

Los magos y demás a menudo se han conformado con seguir siendo seres sin nombre y sin lugar. No les gusta quedarse en un lugar donde exista la posibilidad de que los mortales lleguen a tratarles con demasiada familiaridad.

–Quienquiera que me llame por mi nombre es un desconocido –decía Merlín–. Que reconozcas mi cara no quiere decir que me conozcas a mí.

Los magos se ven a sí mismos como ciudadanos del cosmos. Por tanto, cualquier sitio localizado donde se les pueda encontrar no hace el caso.

En la vida mortal lo que nos limita en primer y en último lugar son los nombres, los rótulos y las definiciones. Tener nombre es útil –te permite saber qué partida de nacimiento es tuya–, pero pronto se convierte en una limitación. Tu nombre es un rótulo. Te define como persona nacida en un tiempo y en un lugar determinados e hija de ciertos padres. Al cabo de unos cuantos años, te define como persona que va a determinada escuela y, más adelante, que ejerce tal o cual profesión. Cuando llegas a los treinta años, tu identidad se encuentra encerrada en un compartimento de palabras. Las paredes del compartimento podrían consistir en las siguientes palabras: «Abogado católico especializado en derecho fiscal, educado en Cornell, casado y con tres hijos y una hipoteca». Puede que estos hechos no sean inexactos, pero son engañosos. Debido a ellos, un espíritu no condicionado queda atrapado dentro de una serie de condiciones.

Muchas de estas limitaciones parecen referirse a *ti* cuando en realidad sólo se refieren a tu cuerpo... y tú eres mucho más que tu cuerpo. El mago tiene una relación especial con su cuerpo. Lo ve como un jirón de la conciencia cobrando forma en el mundo, del modo en que las rocas, los árboles, las montañas, las palabras, los deseos y los sueños fluyen y cobran forma. El hecho de que un deseo o un sueño sea insustancial, mientras que el cuerpo es sólido, no perturba a un mago. Los magos carecen de nuestro prejuicio normal y corriente que equipara «sólido» con «real».

Un mago no cree ser un acontecimiento local que sueña con un mundo más amplio. Un mago es un mundo que sueña con acontecimientos locales. No se ve restringido por ninguna frontera. Los mortales no podrían existir sin fronteras. Sus cuerpos definen el lugar donde están... sin cuerpo, ni siquiera podrías saber dónde está el hogar, toda vez que el hogar es el sitio adonde va el cuerpo en busca de refugio y descanso.

Sin embargo, Merlín no se consideraba sin hogar. Dijo:

–Este cuerpo es como un alojamiento al que vuelven mis pensamientos, pero entran y salen volando tan rápidamente, que bien podría decirse que viven en el aire. Una vez más, suponemos que los pensamientos van y vienen dentro de nuestra cabeza, pero no podemos probarlo. ¿Quién ha visto un pensamiento antes de que nazca? ¿Quién sigue un pensamiento a donde vaya luego?

Merlín no podía comprender por qué los mortales querían aferrarse a sus cuerpos.

–Está bien decir que esta envoltura de carne y hueso es «yo» –dijo–, pero sólo si aquella colina y aquel pastizal y aquel castillo también son «yo».

A ojos de Merlín, un cuerpo mortal no era mejor que un perchero en el cual se colgaban creencias, temores, prejuicios y sueños. Si cuelgas demasiadas prendas en un perchero, ya no puedes ver el perchero. Esto es lo que los mortales han hecho con su cuerpo, según Merlín. Es imposible ver la verdad del cuerpo humano –que es un río de conciencia que fluye a través del tiempo– porque sobre él se ha acumulado tanto peso del pasado.

Vivir con la lección

Para experimentar esta lección, necesitas olvidar tu nombre durante un tiempo. Digamos que «¿Quién soy yo?» es una pregunta real ahora. Escapar del nombre y de la forma significa averiguar quién eres realmente. Durante la mayor parte del tiempo nos experimentamos a nosotros mismos por medio de la limitación. Interpretar un papel es una limitación, pero toda persona está siempre entrando y saliendo de un papel u otro. Recuerda cuando eras niño y tu madre era importantísima. No se te ocurría nunca pensar que ella tuviera una vida que no consistiese en ser mamá; su identidad estaba clavada en tu mente. Sólo después de hacerte adulto viste que tu madre interpretaba otros papeles, tales como los de esposa, hermana, hija, profesional, etcétera. A la mayoría de los niños les cuesta aceptar el hecho de que su madre lleve una vida que no esté centrada enteramente alrededor de la maternidad... tal es el egocentrismo de todos los niños pequeños. Pero a lo largo del tiempo aprendemos a interpretar nuestros propios papeles siguiendo el ejemplo de nuestros padres.

Asumir más papeles parece una manera de ensanchar nuestra experiencia. Una mujer que fuera madre y nada más encontraría su vida asfixiante. En nuestra sociedad, ser «completo» significa desempeñar tantos papeles como sea posible. Pero el mago no ve la situación de este modo, en absoluto. A su juicio, ser completo significa estar libre de todo papel.

–Soy un espíritu libre reducido a la apariencia de este pequeño cuerpo –dijo Merlín–. Puedes hacer un círculo alrededor del sol con el pulgar y el índice, pero ¿acaso su luz no sigue llenando el cielo?

Dejar de interpretar papeles es un asunto complicado, pero no puedes entrar en el mundo del mago si te defines a ti mismo por medio de los papeles que interpretas. Así pues, ¿cuál es la experiencia de estar totalmente libre de papeles? De hecho, es muy sencilla. Cuando te despiertas por la mañana, hay un instante antes de que empieces a pensar sobre el día que te espera, un momento en que sencillamente te sientes despierto sin ningún pensamiento determinado en la mente. Eres sólo tú mismo, en un sencillo estado de conciencia. Esta experiencia de sencillez se repite de cuando en cuando durante el día, pero pocas personas se dan cuenta de ella, porque nuestro hábito consiste en identificarnos con el proceso de pensar. También éste tiene lugar durante todo el día. En realidad, sin embargo, *no eres lo que estás pensando.*

Puede que te cueste creerlo, pero los pensamientos que hay en tu cabeza no te pertenecen... pertenecen a tu nombre, a los papeles que has desempeñado. Si eres una mujer que piensa en su hijo, en cómo le va en la escuela, en lo que le prepararás para cenar, etcétera, estos pensamientos no los tienes *tú*. Los tiene la *Madre*. Si doy vueltas por mi consultorio de médico y pienso en diagnósticos, recetas, etcétera, estos pensamientos los tiene el *Doctor*. El de madre y el de doctor son papeles útiles, desde luego, pero llega un momento en que se acaban y entonces cada uno de nosotros se encuentra ante la pregunta: «¿Quién soy yo?», que nunca recibió respuesta, por muy bien que interpretáramos nuestros papeles.

Sin embargo, puedes abandonar los papeles en una fracción de segundo si quieres. Mientras lees esta página, desvía tu atención hacia el que está leyendo. O mientras escuchas música, desvíala hacia el que la está oyendo. O si da la casualidad de que ves un arco iris, esfuérzate por ver al que lo está viendo. En todos estos casos percibirás inmediatamente una conciencia que está alerta, despierta, distanciada de lo que sucede, silenciosa y, pese a todo ello, intensamente viva. ¿Qué es lo que has hecho en realidad? Has interrumpido el acto de observar para ver al observador. Este truco permite ver por dentro una certeza absoluta de tu existencia, porque más allá de toda observación se encuentra el observador que no cambia. Este vidente es el factor intemporal en toda experiencia limitada por el tiempo, y este vidente eres tú.

La perspectiva de ser intemporal puede resultar aterradora si estás muy identificado con la interpretación de tus papeles. Incontables personas se hunden en la desolación al perder su puesto de trabajo, cuando sus hijos se hacen mayores y se marchan de casa, cuando muere un cónyuge amado. Su sentido del «yo» está tan ligado a nombres, rótulos y papeles, que no han dedicado tiempo a la tarea de averiguar quiénes son en realidad.

Ser plenamente humanos nos hace reales. La realidad no puede definirse, sólo puede experimentarse. Presta atención a esos breves momentos del día en que experimentas tu yo fundamental detrás de un aliento, un sentimiento, una sensación. Mañana, antes de levantarte de la cama, intenta atrapar la fugaz insinuación del ser, puro y simple, antes de que la mente empiece a parlotear. Este estado quieto, silencioso, sin nombre satisface mucho. No pueden afectarle el pensamiento, las palabras ni los actos. Es el castillo cuyas murallas ningún ejército escalará jamás, el castillo que protege la casa del tesoro donde se guardan las verdaderas riquezas de la vida.

Lección 5

Los magos no creen en la muerte.
A la luz de la conciencia, todo está vivo.

No hay principios ni finales.
Para el mago estas cosas son sólo construcciones mentales.

Para estar plenamente vivo, tienes que estar muerto para el pasado.

Las moléculas se disuelven y desaparecen, pero la conciencia sobrevive a la muerte de la materia sobre la cual cabalga.

Todas las historias sobre Merlín, hasta las más confusas, daban por sentado que vivía retrocediendo en el tiempo. En su época esto causaba gran consternación entre los mortales. El viejo mago gritaba: «¡Cuidado!». Un segundo *después* de que Arturo se echase agua hirviendo encima. Se presentaba en los entierros y acariciaba la barbilla del cadáver como si fuera un bebé recién nacido. Por si esto no era suficientemente extraño, los lugareños susurraban que alguien había visto a Merlín depositando regalos de bautizo sobre las lápidas de los cementerios.

–¿Puedes explicar por qué vives retrocediendo en el tiempo? –le preguntó una vez el pequeño Arturo.

–Porque así viven todos los magos –repuso Merlín.

–¿Y eso por qué?

–Porque queremos. Tiene muchas ventajas.

–Yo no veo ninguna –persistió Arturo, pensando en los extraños hábitos de Merlín, como el de desayunar antes de acostarse.

–Ea, te lo demostraré –dijo Merlín, llevando a Arturo al exterior de la cueva de cristal.

Era un caluroso día de verano y el sol estaba directamente sobre ellos y las rosas silvestres se inclinaban hasta casi rozar el suelo.

–Vamos a ver –dijo Merlín, entregando una pala al chico–, empieza a cavar una zanja desde aquí hasta allí, y no dejes de cavar hasta que yo te lo indique.

Arturo puso manos a la obra y empezó a cavar con todas sus fuerzas, pero al cabo de una hora ya estaba agotado y Merlín aún no le había dicho que lo dejara.

–¿Es lo bastante larga? –preguntó.

Merlín echó un vistazo a la zanja, que tendría tres metros de longitud y sesenta centímetros de profundidad.

–Sí, ya es suficiente –dijo–. Ahora vuelve a llenarla.

Aunque estaba acostumbrado a obedecer, a Arturo no le gustó demasiado aquella orden. Sudando y con expresión ceñuda, trabajó bajo el sol abrasador hasta que la zanja quedó totalmente llena de nuevo.

–Ahora siéntate a mi lado –dijo Merlín–. ¿Qué has pensado del trabajo que has hecho?

–Que era inútil –contestó Arturo sin pensárselo dos veces.

–Exactamente, y también lo son la mayoría de los esfuerzos humanos. Pero la inutilidad no se descubre hasta que es demasiado tarde, cuando el trabajo ya se ha hecho. Si vivieses retrocediendo en el tiempo, te hubieses percatado de que cavar zanjas es inútil y no hubieras empezado a cavar ésta.

Entender la lección

Las leyendas de la época arturiana que decían que Merlín vivía retrocediendo en el tiempo eran una simplificación. A los antiguos narradores de mitos les encantaba asombrar a sus oyentes, y cualquier lector que intentaba descifrar el significado de vivir retrocediendo en el tiempo quedaba maravillado al ver qué extraño ser era realmente Merlín. A consecuencia de ello, algunos le tomaban por un profeta o un adivino. De cualquier profeta podría decirse que vive retrocediendo en el tiempo, ya que parece que los profetas experimentan lo que aún tiene que suceder.

Pero en un nivel más profundo, para la mentalidad medieval vivir retrocediendo en el tiempo significaba desafiar el ciclo natural de nacimiento y muerte. Una persona que es más joven cada día se ha zafado de las leyes inmutables que hacen que todas las cosas vivas decaigan y mueran. Al parecer, el día del nacimiento de un mago es el día en que desaparece del mundo, suponiendo que llegue a morir.

Para aclarar esta paradoja es necesario entender el tiempo tal como un mago lo experimenta.

–Los mortales tomasteis vuestro nombre de la muerte –dijo Merlín en la cueva de cristal–. Os llamaríais «inmortales» si os creyeseis seres de vida.

–Eso no es justo –protestó Arturo–. Nosotros no escogimos la muerte. Nos fue impuesta.

–No, sencillamente estáis acostumbrados a ella. Todos envejecéis y morís porque veis cómo los demás envejecen y mueren. Libraos de este hábito gastado, y dejaréis de estar atrapados en la red del tiempo.

–¿Que nos libremos de la muerte? ¿Y eso cómo se hace? –quiso saber Arturo.

–Para empezar, volved a la fuente de vuestro hábito. Encontraréis allí algún razonamiento falso que os convenció de que debíais ser mortales. Los razonamientos falsos son la raíz de todas las creencias falsas. Busca entonces el defecto de tu lógica y extírpalo. Todo es muy sencillo.

Arturo pasó a la leyenda como el «antiguo y futuro rey», lo cual daba a entender que también él se había librado del maleficio de la muerte. ¿Qué encontró? ¿Cuál es la lógica falsa que los magos ven detrás de la mortalidad? En esencia es nuestra identificación con el cuerpo. Los cuerpos humanos nacen, envejecen y mueren. Identificarse con este proceso es lógica falsa, pero, una vez aceptada, nos condena a morir también. Caemos bajo el hechizo de la mortalidad y no tenemos más opción que aceptar la muerte.

Para romper el maleficio es necesario cambiar de identidad y pasar de lo limitado por el tiempo a lo intemporal. Así pues, el mago emprende un viaje con el fin de descubrir la verdad sobre el tiempo... éste es el significado verdadero que hay detrás del cuento de que Merlín vivía retrocediendo en el tiempo. Quería seguir el tiempo hasta sus raíces.

Vivir con la lección

En la experiencia del mago el tiempo es sólo la eternidad cuantificada. Merlín afirmaba: «A todos nos rodea lo intemporal. Lo que hay que preguntarse es: "¿Qué hacemos con ello?"». Cortar lo intemporal en pedacitos es crear tiempo y ésa sigue siendo nuestra tendencia. Para nosotros el tiempo transcurre de forma lineal. Los relojes marcan el paso de los segundos, los minutos y las horas, y dejan constancia de la larga marcha desde el pasado hasta el presente y el futuro. Esta concepción lineal del tiempo quedó desplazada por Einstein al probar que el tiempo es relativo, que tiene la capacidad de acelerarse o reducir su velocidad.

Además de parecerse un poco a Merlín, en realidad Einstein debió de meterse en el mundo del mago para proponer una idea tan asombrosa. Nos dice que *sintió* la teoría de la relatividad mucho antes de que pudiera probarla matemáticamente. Todos percibimos el tiempo como relativo, fluido... toda experiencia feliz hace que el tiempo se acelere, mientras que toda experiencia dolorosa hace que transcurra más despacio. Un día de estar enamorado parece un segundo, una mañana en el sillón del dentista parece una eternidad.

Pero ¿puede esta nueva percepción del tiempo llevarnos más allá de la muerte? Para el mago la muerte es meramente una creencia. La relatividad nos permite doblar nuestra creencia en el tiempo lineal. No es difícil imaginar otros ejemplos que nos permitirían creer en la inmortalidad misma. Por ejemplo, si ves el universo como almacén de energía entonces desde el punto de vista de la energía nada muere jamás, porque la energía no puede destruirse. Como energía siempre estarás aquí.

–Pero yo no quiero ser energía –protestó Arturo al verse ante esta lógica.

–Éste es tu defecto fatal –señaló Merlín–. Como te identificas con este cuerpo, piensas que necesitas una forma. La energía no tiene forma, de manera que piensas que no puedes ser tú. Pero yo sólo estaba señalando que la energía no puede nacer; no tiene principio ni fin. Hasta que dejes de pensar que tienes un principio, nunca encontrarás la parte inmortal de ti mismo, que no debe nacer si nunca ha de morir.

Al ver la expresión de desánimo que se pintó en la cara del chico, Merlín adoptó un tono más tranquilizador:

–No estoy robando tu cuerpo para demostrar que no tienes forma. Sólo necesitas ver lo amorfo dentro de la forma, entonces podrás tener inmortalidad en medio de la mortalidad.

Las moléculas se forman y se disuelven, volviendo a la sopa primordial de átomos. Pero la conciencia sobrevive a la muerte de las moléculas sobre las cuales cabalga. Lo que otrora era un haz de energía en un rayo de sol, se convierte en una hoja que luego cae y vuelve a cambiar al transformarse en tierra. Este cambio de estado cruza muchas fronteras. Un rayo de sol es invisible, mientras que las hojas y el suelo son visibles. Una hoja está viva y crece, mientras que no ocurre lo mismo en el caso de los rayos de sol. Los colores de la luz, la hoja y el suelo son diferentes, y así sucesivamente.

Mas todas estas transformaciones existen como construcciones de la mente. La energía real que se halla presente en el rayo de sol no experimenta ningún cambio en absoluto... sencillamente forma parte del juego constante de fotones y electrones que hay debajo de todo, lo mismo da que lo percibamos como muerto que como vivo. La ciencia moderna ya ha conducido nuestra mente hacia la apropiada perspectiva nueva; ahora tenemos que aprender a *vivirla*. Los pensadores visionarios tales como Einstein sólo pueden ayudarnos a superar las barreras mentales; tenemos que atravesar las otras, las barreras emocionales e instintivas, nosotros mismos.

El miedo emocional a la muerte es una de tales barreras. Tal como lo ven los magos, todo el fenómeno de la muerte está ligado al miedo, aunque este miedo está arraigado tan profundamente, que sus efectos no resultan obvios de inmediato. Sin embargo, hay un ejercicio sencillo para descubrir esto por ti mismo. Siéntate con un montón de hojas de papel delante. Escoge para ello una habitación donde reine el silencio y nada te distraiga. Apoya ahora la punta de tu pluma en la primera hoja y promete que no levantarás la pluma durante cinco minutos. Empieza a escribir la oración «Tengo miedo a» y termínala como quieras.

Sin levantar la pluma, escribe la misma oración que empieza «Tengo miedo a» y de nuevo deja que quede plasmado en el papel cualquier final que se te ocurra. Mientras lo haces respira de forma lenta y mesurada, sin hacer una pausa entre aspirar y espirar. A veces esto recibe el nombre de «respiración circular», en la cual la aspiración y la espiración tienen lugar de forma ininterrumpida. Desde la antigüedad se ha considerado que esta forma deliberada de respirar era una manera de evitar las inhibiciones de la mente consciente. Sin esta técnica, sería mucho más difícil alcanzar el nivel inconsciente del miedo.

Mientras respiras de forma circular, aspirando y espirando sin hacer ninguna pausa, sigue terminando la misma oración, «Tengo miedo a», una y otra vez sin alzar la pluma del papel. Una vez te hayas liberado y escribas en el papel tus temores ocultos, puede que te resulte difícil dejar de escribir.

Si estás haciendo este ejercicio libremente, dejando que tus pensamientos sencillamente vayan desenmarañándose sin tratar de controlarlos, descubrirás muchas asociaciones extrañas e imprevistas con el miedo. Y estos temores inesperados traerán consigo emociones, no sólo miedo, sino también ira, congoja y un alivio muy grande. Puede que empiecen a brotar lágrimas reprimidas.

Deja que salga todo a la superficie, pero vuelve siempre a tu respiración y no levantes la pluma del papel hasta que hayas terminado. Una advertencia: si empiezas a sentirte demasiado incómodo, déjalo. Al terminar este ejercicio, también es una buena idea echarte a descansar y permitirte a ti mismo recuperar tu equilibrio normal. He comprobado que este ejercicio tiene su eficacia máxima la primera vez, pero puedes repetirlo siempre que lo desees.

¿Qué tiene que ver todo esto con la visión de la inmortalidad que tiene el mago? Podríamos decir que emprender una sesión de cinco minutos dedicada al miedo es como quitar una capa de un sistema de creencias. La inmortalidad está en el núcleo de la vida humana, pero se encuentra envuelta en capa tras capa de creencias contrarias. Estas creencias se hacen reales en la vida cotidiana: vivimos nuestros miedos, deseos, sueños, asociaciones inconscientes y, finalmente, nuestra creencia más honda en que debemos morir. La mente racional probablemente defendería esta postura afirmando que la muerte es omnipresente en la naturaleza.

Mas Merlín diría:

–Examina con mayor atención tus dudas racionales. Detrás de la duda hay alguien que duda, detrás de la persona que duda hay un pensador, detrás del pensador se encuentra una partícula de conciencia pura que tiene que ser consciente antes de que pueda nacer pensamiento alguno. Yo soy esa partícula de conciencia. Yo soy inmortal e inmune al tiempo. No te limites a especular sobre mí, tratando de decidir si aceptas o rechazas. Sumérgete, quita tus capas de duda. Cuando finalmente nos encontremos, sabrás quién soy yo. Y entonces mi inmortalidad no será sencillamente una idea, sino una realidad viva.

Lección 6

La conciencia del mago es un campo
que existe en todas partes.

Las corrientes de conocimiento que contiene
el campo son eternas y fluyen eternamente.

Siglos de conocimiento están comprimidos
en momentos reveladores.

Vivimos como ondas de energía en el vasto océano de energía.

Cuando dejas el ego a un lado, tienes acceso
a la totalidad de la memoria.

Una mañana Arturo se despertó muy temprano, tiritando en su lecho de paja, y se encontró con que Merlín le estaba mirando desde el otro lado de la cueva.

–He tenido un sueño desagradable –musitó Arturo–. Yo era la última persona que quedaba en la tierra y vagaba por bosques y calles donde no había nadie más que yo.

–¿Sueño? –dijo Merlín–. No era ningún sueño. *Eres* la última persona que hay en la tierra.

–¿Cómo es posible? –preguntó Arturo.

–¿No estarías de acuerdo en que la única persona de la tierra tendría que ser también la última persona?

–Sí

–Pues, desde el punto de vista de tu imagen propia, a la que la gente del futuro han llamado «ego», eres la única.

–¿Cómo puedes decir eso? Tú y yo estamos aquí juntos, ¿no es así? Y hemos visitado poblados y ciudades en las que debe de haber miles de personas.

Merlín meneó la cabeza.

–Si te miras a ti mismo sinceramente, ¿qué eres? Un ser de experiencia que se está convirtiendo constantemente en recuerdos. Cuando dices «yo», lo que haces es indicar este haz singular de experiencias, con toda su historia privada que nadie más puede compartir.

»Nada parece más personal que la memoria. Tú y yo hemos andado por caminos separados, aun cuando andemos juntos. Yo no puedo mirar una flor sin tener una experiencia que tú no compartes. Ni una sola lágrima o risa puede darse verdaderamente a otra persona.

Cuando Merlín terminó este discurso, Arturo parecía afligido.

–Lo dices de una forma que parece que todo el mundo esté completamente solo –comentó el chico.

–Yo, no –contestó Merlín–. La labor del ego es lo que hace que estés solo porque te encierra en un mundo en el que nadie más puede entrar. –Al ver lo turbado que se sentía su discípulo, Merlín adoptó un tono de voz más dulce–. Y, pese a ello, es posible dejar el ego a un lado. Ven conmigo.

Se levantó y salió de la cueva con Arturo. Reinaba en el exterior la oscuridad de antes del amanecer, todavía llena de estrellas.

–¿A qué distancia supones que está aquella estrella? –preguntó, señalando la Estrella Can.

Como era el estío, Sirio aparecía brillante y a baja altura en el horizonte.

–No lo sé. Supongo que debe de estar a una distancia mayor de la que yo puedo medir, o posiblemente imaginar –contestó Arturo.

Merlín dijo que no con la cabeza.

–No es ninguna distancia en absoluto. Piensa en esto: para que tú veas esa estrella, su luz tiene que entrar en tu ojo, ¿correcto? Rayos de luz fluyen continuamente de aquí allí, como un puente invisible. ¿Qué es una estrella si no es luz? Por consiguiente, si es luz tanto aquí como allí y en el puente que hay entre los dos puntos, no hay ninguna separación entre tú y esa estrella. Ambos formáis parte del mismo campo ininterrumpido de luz.

–Pero parece que está muy lejos. Después de todo, no puedo arrancarla del cielo –objetó Arturo.

Merlín se encogió de hombros.

–La separación es sólo una ilusión. Tú pareces estar separado de mí y de otras personas porque tu ego opina que todos estamos aislados y solos. Mas yo te aseguro que si dejaras tu ego a un lado, nos verías a todos rodeados de un campo interminable de luz, que es la conciencia. Cada uno de tus pensamientos nace en un vasto océano de luz sólo para volver a él, junto con cada una de las células de tu cuerpo. Este campo de conciencia está en todas partes, es un puente invisible que llega a todo lo demás que existe.

»Así que no hay nada en ti que no forme parte de todas las demás personas... excepto tal como lo ve el ego. Tu tarea consiste en ir más allá del ego y zambullirte en el océano universal de la conciencia.

En la cara de Arturo había una expresión pensativa.

–Tendré que meditar sobre lo que has dicho.

–Pues adelante. –Merlín bostezó–. Todavía tengo sueño. –El mago dio media vuelta y se dispuso a entrar de nuevo en la cueva cálida, acogedora–. Oh, y por cierto, antes de que vuelvas a acostarte, ¿harás el favor de volver a colgar esa cosa?

–¿Cosa?

Arturo bajó los ojos y se llevó una sorpresa al ver que Merlín había arrancado la Estrella Can del cielo para depositarla a sus pies.

Entender la lección

El ego se ha encargado de la tarea de seleccionar y rechazar experiencias, como ya hemos visto. A causa de ello, el ego crea aislamiento, puesto que cualquier cosa que escoja con cuidado crea un hueco. Entre tú y algo que has rechazado hay un hueco. Entre tú y yo también hay un hueco, porque hemos elegido no tener la misma experiencia... nuestros egos están separados.

De hecho, todos damos por sentado que de ninguna manera podríamos compartir experiencias, al menos no de forma plena. Yo no puedo entrar en todas tus emociones, temores, deseos y sueños, ni tú puedes entrar en los míos. Generalmente, lo mejor que podemos hacer es tratar de tender puentes de comunicación, que a menudo resultan demasiado débiles para resistir. Las cosas más personales que hay en ti desde que naciste –tus recuerdos y experiencias– llevan a la soledad y el aislamiento.

El mago nunca está aislado, sin embargo, porque el ego no entra en su visión de las cosas. Al decir «ego», me refiero a la sensación de ser un «yo» personal, que no puede compartirse. Una vez Merlín le dijo a Arturo:

–Trata de olvidarme si puedes.

–¿Qué? –dijo Arturo, sorprendido–. Jamás podría olvidarte... y no quiero olvidarte. –Se sentía angustiado porque suponía que Merlín le estaba rechazando de algún modo–. ¿Tú quieres olvidarme? –preguntó.

–Oh, desde luego –repuso tranquilamente Merlín–. Verás, quiero que seamos amigos, y si me acuerdo de ti, ¿qué tengo? No tengo el tú real, sino una imagen muerta. Eso es todo lo que es un recuerdo, una cosa que otrora vivía y se ha transformado en una imagen muerta. Pero mientras pueda olvidarte cada día, me despertaré y te veré de nuevo al día siguiente. Veré el tú verdadero, despojado de imágenes gastadas.

Apartar el ego significa apartar la memoria. Una vez se ha hecho eso, las personas ya no están aisladas. La mente individual reduce nuestra conciencia, como si estuviéramos contemplando el mundo a través de una mirilla. En el mundo del mago, todos comparten la misma conciencia universal. Fluye eternamente e incluye todos los pensamientos, todas las emociones, todas las experiencias.

–En la medida en que eres una persona –dijo Merlín–, eres

como una gota en el océano. En la medida en que eres parte de la conciencia universal, eres el océano entero.

–¿Acaso una gota sencillamente no se disuelve y se pierde en el océano? –preguntó Arturo.

–No... a un individuo jamás se le puede destruir, ni siquiera mediante la experiencia del océano de la conciencia –le aseguró Merlín–. Tú puedes ser tú mismo y ser el Todo al mismo tiempo. Puede que eso parezca un misterio, pero es así.

Vivir con la lección

Todos nos aferramos a la memoria porque nos define. Mas, para poner fin a la separación y al aislamiento, tienes que estar dispuesto a ver la irrealidad de la memoria. Piensa en alguien a quien conozcas bien... tu marido o tu esposa, un hermano o una hermana, un amigo. Piensa con todo detalle en esa persona y pregúntate qué sabes realmente de ella. Ve más allá de los meros hechos, tales como el color de los ojos, el peso, la ocupación o la dirección. En vez de en ello, piensa en los rasgos más personales, en los gustos y las aversiones, en recuerdos vivos e interacciones.

Cuando termines este ejercicio, puedes dar por sentado que has hecho un retrato fiel de esa persona. Sin embargo, todo lo que has recordado ha salido de tu memoria y, por tanto, lo que has descrito es tu punto de vista individual. Esa misma persona podría describirse de forma totalmente distinta desde otra perspectiva. Lo que a ti te parece agradable desagrada a otras personas, lo que tú juzgas memorable puede ser totalmente olvidable a ojos de otros.

No tienes que ir muy lejos para darte cuenta de que *todo* lo que forma parte de tu descripción es completamente relativo. Una persona que a ti te parece alta puede parecer baja o de estatura mediana a otros, lo que es pesado puede verse como ligero, lo claro como oscuro, lo amistoso como hostil y así sucesivamente. Lo que en realidad describes es tu perspectiva y no la persona. Asimismo, las experiencias que hayas tenido con esa persona son tuyas y de nadie más, lo cual hace que tu descripción sea todavía más idiosincrásica. Si todo lo que creías saber acerca de alguien ha resultado estar relacionado indirectamente contigo, es obvio que la memoria sirve para aislar. Reducimos el mundo a fragmentos por medio de nuestra forma personal de verlo, creando caparazones de aislamiento en los que nadie más puede penetrar, no de manera plena.

Por ser completamente relativo, a tu punto de vista no se le puede llamar «real». La realidad no depende de un punto de vista... sencillamente es. Y la mayoría de nosotros, viviendo, como vivimos, dentro de nuestros mundos privados, no establecemos comunicación con lo real muy a menudo. Lo irreal es el hábitat de los sentidos; lo real es el hábitat del mago. Tienes que mirar más allá de la cortina de la memoria para empezar a descubrir el verdadero tejido de la realidad.

Lección 7

Cuando las puertas de la percepción sean purificadas, empezarás a ver el mundo invisible... el mundo del mago.

Hay un manantial de vida dentro de ti adonde puedes acudir en busca de purificación y transformación.

La purificación consiste en librarse de las toxinas que hay en tu vida: emociones tóxicas, pensamientos tóxicos, relaciones tóxicas.

Todos los cuerpos vivos, así los físicos como los etéreos, son haces de energía que pueden percibirse directamente.

Un día, cuando tanto Merlín como Arturo se sentían amodorrados a causa del calor del verano mientras yacían a la orilla de un arroyo, Merlín dijo:

–De niño, dentro de mucho tiempo, leí un poema. Me pregunto si te gustará.

Arturo fingió que estaba durmiendo, tapándose la cara con una mano para protegerse del sol de julio. Siempre que Merlín hablaba del futuro como si fuese su pasado, el chico necesitaba concentrarse mucho para seguirle.

–No es necesario que trates de fingir que no me has oído –prosiguió Merlín–, porque este poema es demasiado hermoso para pasarlo por alto:

¿Y si durmieses,
y si, al dormir,
soñases?
¿Y si, en tu sueño,
subieras al cielo
y allí arrancases

una extraña y bella flor?
¿Y si, al despertar,
tuvieras la flor
en la mano?
Entonces, ¿qué?

Entender la lección

Cuando estamos despiertos tenemos nuestra atención pegada de forma constante a las imágenes y los sonidos del mundo material, de modo que es fácil dar por sentado que el cuerpo físico es el único cuerpo que tenemos. ¿Qué es un cuerpo? La definición más amplia sería decir que es una colección de células que trabajan juntas para formar una unidad mayor. Al ser mucho mayor que la suma de sus partes, un cuerpo puede actuar y pensar y sentir de maneras que le están vedadas a una célula sola.

Apliquemos esta definición a un lugar inesperado: los sentimientos. Todos los días tienes sentimientos aislados que son como células solas; júntalos todos y tendrás tu *cuerpo emocional.* Tu cuerpo emocional es, ante todo, una historia viva de todas las cosas que te gustan y disgustan, así como de tus temores, esperanzas, deseos, etcétera. Si tu cuerpo emocional pudiera entrar en la habitación, tus amigos te reconocerían inmediatamente, toda vez que el cuerpo emocional nos da una parte muy grande de nuestra identidad.

Hay otros cuerpos, también invisibles, que acrecentan tu singularidad. Está el cuerpo de conocimientos que ha estado creciendo contigo desde que naciste: llámale tu «cuerpo mental». El conocimiento es más sutil que las emociones, ya que se compone de conceptos abstractos. Pero todavía más sutiles son todas las razones que tienes para vivir, tus creencias profundas referentes a la existencia y a la naturaleza de la vida... todas ellas almacenadas dentro de tu *cuerpo causal*, esa parte de ti que te permite entender la existencia. Aquí residen las semillas más profundas de la memoria y el deseo.

Todos estos cuerpos con exclusivamente tuyos. Asimismo, si tu cuerpo mental o tu cuerpo causal pudiera entrar en una habitación, serías identificable de forma inmediata. De modo que la *identidad* –tu sensación de ser «yo»– fluye de tu conciencia de estos cuerpos. Un mago sabe que este resplandor se mueve desde el cuerpo más etéreo hasta el más basto. El «yo» con el que te identificas es obra, en primer lugar, de tus creencias y tu razón para vivir (el cuerpo causal), que dan origen a las ideas (el cuerpo mental) y los sentimientos (el cuerpo emocional). Sólo al final de la secuencia recibe el cuerpo físico el impulso de vida. Como decía Merlín:

–Los mortales creen que son máquinas físicas que aprendieron a pensar. En realidad, son pensamientos que aprendieron a crear una máquina física.

Vivir con la lección

En términos prácticos, este conocimiento tiene consecuencias inmensas. Si supones que eres ante todo un ser físico, vivirás tu vida de forma totalmente distinta del modo en que vivirá la suya una persona que suponga que es ante todo un ser etéreo.

Arturo y Merlín volvían a casa después de caminar por el Bosque de la Búsqueda, la espesa masa forestal que era el dominio del mago. Como de costumbre, Arturo estaba mucho más cansado que Merlín después del ejercicio y se echó a los pies de un árbol con la intención de dormir un rato. Sin embargo, apenas acababa de cerrar los ojos cuando sintió que le hurgaban las costillas.

–¿Qué pasa? –gruñó con voz soñolienta–. Déjame dormir.

Merlín meneó la cabeza mientras volvía a aguijonearle con una varilla de avellano.

–Necesitas tus fuerzas para la última etapa de vuelta a casa. Si echas un sueñecito, te sentirás agotado.

–¿Agotado? Pero si por eso estoy tratando de dormir un poco –contestó Arturo.

–Ah, pero es que trabajas mucho más cuando estás dormido de lo que jamás te haya visto trabajar despierto –dijo Merlín.

Sabía que sus palabras despertarían la curiosidad de Arturo, y, después de revolverse varias veces más sobre la muelle hierba a los pies del árbol, el chico se incorporó a medias.

–¿Qué clase de trabajo hago cuando estoy dormido? ¿Por qué no soy consciente de él? –preguntó.

–Oh, pues toda clase de trabajo –repuso Merlín como no dándole importancia–. Cuando duermes tu cuerpo físico descansa y se restablece. En los sueños tu cuerpo emocional lleva a cabo sus deseos, temores, esperanzas y fantasías. Tu cuerpo causal vuelve al mundo de la luz, que algunas personas perciben como cielo. Otras, sin embargo, lo perciben como la solución súbita de un problema o una percepción interior que surge inopinadamente después de despertarse. De todas estas maneras lo que haces es reajustar la intrincada coordinación entre todos tus cuerpos.

»El acto más creativo que emprenderás en la vida es este acto de crearte a ti mismo. Tiene lugar en incontables niveles, visibles e invisibles. Dirige toda la inteligencia del universo, comprimiendo miles de millones de años de conocimiento en cada segundo de vida.

»¿No te das cuenta –preguntó Merlín a su alumno– de que la historia del universo nos ha traído hasta este segundo? Somos los hijos privilegiados de la creación, para los cuales se hizo todo eso.

Si tu origen verdadero está en el mundo etéreo, invisible, en vez de en el físico, entonces tu cuerpo no se compone realmente de células. Las células no son los bloques de construcción de la vida, como tampoco lo son los átomos y las moléculas en que pueden dividirse las células. El cuerpo se edifica sobre unas abstracciones invisibles que se llaman «información» y «energía»... y ambos son el contenido de tu ADN.

Pero el mago ahonda todavía más en el mundo invisible, a sabiendas de que tus creencias más profundas son las fuerzas creativas más potentes. Tu cuerpo físico nació del agitado impulso de vida que contiene el ADN. Sin este impulso, la información y la energía son inertes. De modo parecido, tus pensamientos y emociones penetran en el mundo desde los impulsos invisibles de la inteligencia que integran tu cuerpo más etéreo, el cuerpo causal.

Según los magos, la razón por la cual todos nos dormimos de noche es con el fin de que podamos poner todos estos cuerpos en orden después de los esfuerzos de estar despiertos y activos.

Pero la labor más etérea de todas se hace en puro silencio. La próxima vez que notes un fugaz momento de silencio en el que no hay pensamientos, deseos o sentimientos, no lo interpretes como un momento de distracción. Tu conciencia se ha deslizado entre los resquicios de los cuerpos físicos, emocional, mental y causal. En el silencio profundo regresamos a la causa última, el Ser puro. Allí te encuentras cara a cara con el útero de la creación, el origen de todo lo que fue, es o será, que es sencillamente tú mismo.

LECCIÓN 8

El poder es una espada de dos filos. El poder del ego intenta controlar y dominar. El poder del mago es el poder del amor.

La sede del poder es el yo interior.

El ego nos sigue como una sombra oscura. Su poder es embriagador y causa adicción pero es esencialmente destructivo.

El choque eterno del poder termina en unidad.

Justo antes de dejar de estar al cuidado de Merlín, Arturo se volvió muy taciturno. Tenía casi quince años de edad y raramente había visto otras personas.

–¿Estás triste porque vas a salir a mezclarte con *ellas*? –preguntó Merlín–. Después de todo, tú eres del mismo género que ellas.

Arturo miró hacia otro lado.

–Estoy triste, pero no es por eso.

–Entonces, ¿de qué se trata?

–Quiero preguntarte algo, pero no sé cómo, ni si debo preguntártelo.

–Adelante.

Arturo titubeó.

–No es nada relacionado con las lecciones que me has enseñado. Pero es lo que más deseo saber... eso es, si tú me lo dijeras... –hizo una pausa, sin atreverse a continuar.

–Quieres saber cómo es estar enamorado, ¿no es así?

Arturo afirmó con la cabeza, contento de que la intuición de Merlín le hubiese salvado. El anciano mago reflexionó durante un momento y dijo:

–Ante todo, no te avergüences, porque me has hecho una pregunta sobre una cosa verdaderamente importante. En el estar enamorado hay algo que no puede expresarse con palabras, pero ven conmigo.

Merlín condujo a Arturo hasta un claro del bosque donde brillaba el sol de mediodía. En la mano de Merlín apareció una vela encendida, que el mago elevó hacia el sol.

–¿Puedes distinguir si está encendida o no? –preguntó.

–No –repuso Arturo.

El sol brillaba tanto, que la llama de la vela era invisible.

–Pero mira –dijo Merlín.

Acercó una bola de algodón a la vela y la bola ardió hasta consumirse.

–¿Qué tiene eso que ver con el amor? –preguntó el muchacho.

Merlín no contestó. Se limitó a coger una flor de genciana silvestre y exprimió dos gotas de su jugo sobre los dedos de Arturo.

–Pruébalo –ordenó.

Arturo hizo una mueca.

–Es muy amargo.

Merlín le llevó hasta un lago y le dijo que se lavara las manos.

–Ahora prueba el agua –ordenó–. ¿Hay algún vestigio de amargor?

–No –reconoció Arturo–. Pero ¿qué tiene eso que ver con el amor?

Tampoco esta vez contestó Merlín a la pregunta y lo único que hizo fue adentrarse todavía más en el bosque con el chico.

–Siéntate y no te muevas –dijo en tono afable.

Arturo obedeció y al cabo de unos momentos un ratón salió sigilosamente de su madriguera a varios metros de donde él se encontraba. Una sombra pasó por encima de su cabeza, pero antes de que el ratón pudiera moverse se apoderó de él un águila, que voló con su presa hasta un nido en lo alto de los riscos.

Desconcertado, Arturo dijo:

–Pero dijiste que ibas a enseñarme cosas sobre el amor. ¿Qué tienen que ver con él las cosas que me has mostrado?

–Escucha –dijo su maestro–. Al igual que la vela que se vuelve invisible al acercarla al sol, tu ego se disolverá en la arrolladora fuerza del amor. Al igual que el sabor amargo que no puede detectarse después de quedar diluido en el lago, el amargor de tu vida será tan dulce como las aguas más frescas cuando se mezcle con el amor. Y al igual que la presa devorada por el águila, tu vanidad se convertirá en un destello en el ojo del amor que te devora.

Entender la lección

El poder del amor es el poder de la pureza. La palabra «amor» se usa de muchas maneras, pero para el mago es una palabra sagrada, porque para él «amor» significa «lo que disuelve todas las impurezas y deja sólo lo verdadero y lo real».

–Mientras tengas miedo, no podrás amar realmente –dijo Merlín en tono de advertencia–. Mientras sientas ira, no podrás amar verdaderamente. Mientras tengas un ego interesado, no podrás amar verdaderamente.

–Entonces, ¿cómo podré amar alguna vez? –preguntó Arturo, consciente de que el miedo, la ira y el egoísmo eran sentimientos que experimentaba con mucha frecuencia.

–Ah, ése es el misterio –repuso Merlín–. Por muy impuro que seas, el amor te buscará y obrará sobre ti hasta que puedas amar.

El amor busca la impureza con el fin de quemarla hasta que desaparezca. No existen personas sin amor... hay solamente personas que no pueden sentir la fuerza del amor. Al ser invisible y omnipresente, el amor es algo más que una emoción o un sentimiento; es algo más que placer o incluso éxtasis. Tal como lo ven los magos, el amor es el aire que respiramos, es la circulación en todas las células. Desde su fuente universal el amor lo impregna todo. Es el poder último, porque sin usar la fuerza, el amor lo lleva todo hacia él. Incluso en el sufrimiento, el poder del amor continúa su labor, completamente invisible para el ego y la mente. Comparadas con el amor, todas las demás formas de poder son débiles.

–¿Tú eres tan poderoso como un rey? –preguntó Arturo a Merlín.

–¿Por qué piensas que un rey tiene poder? –preguntó Merlín a modo de respuesta–. El poder de un rey se lo dan sus súbditos, que pueden rebelarse en cualquier momento y arrebatárselo. Por eso todos los reyes viven con miedo... saben que todo lo que poseen es algo que en realidad les han prestado. El súbdito más pobre del país es más rico que un rey... es decir, hasta que renuncia a su poder y se inclina ante él.

En la vida, el poder verdadero es interno. Ser capaz de ver el mundo bajo la luz del amor, que sólo puede salir de dentro, es vivir sin miedo, en una paz inalterable.

Hay en el amor muchos secretos que a la gente le pasan desapercibidos. Para recibir amor, primero tienes que darlo. Para tener la seguridad de que otra persona te ama incondicionalmente, no debes imponerle ninguna condición. Para aprender a amar a otra persona, primero debes amarte a ti mismo. Tantas de estas cosas parecen obvias, que cabe preguntarse por qué no actuamos de acuerdo con ellas.

La respuesta del mago es que el amor necesita que lo descubran, que le quiten las capas de ira, miedo y egoísmo que lo oscurecen cual laca vieja. Para alcanzar una vida totalmente amorosa, purifica tu vida actual. No hay una forma correcta ni una forma equivocada de buscar el amor.

–Una persona que busca desesperadamente el amor –dijo Merlín– me hace pensar en un pez que busque desesperadamente el agua.

La vida puede carecer totalmente de amor, pero lo que priva a alguien de amor es en realidad el ojo del que percibe y no el mundo de «ahí fuera».

El primer paso que hay que dar para alcanzar el amor como aspecto completo e inamovible de tu vida consiste en redefinir lo que tú llamas «amor» en este momento. La mayoría de nosotros pensamos que el amor es la atracción que ejerce en nosotros otra persona, una fuerza nutritiva que hace que nos sintamos queridos, tal como el placer o el deleite, o un poderoso sentimiento o emoción. Aunque el amor es un aspecto de todas estas definiciones, el mago diría que, en el mejor de los casos, son parciales.

–Todo amor, tal como lo definís vosotros los mortales, debe marchitarse y perecer –dijo Merlín–. Vuestro supuesto amor va y viene. Pasa de un objeto de deseo al siguiente. Se transforma rápidamente en odio si tus deseos no se cumplen. El amor verdadero no puede cambiar, no tiene nada que ver con un objeto y no puede transformarse en otra emoción porque, para empezar, no es una emoción.

Desecha todos los tipos falsos o superficiales de amor y ¿qué queda? La respuesta comienza a aparecer con la aceptación de uno mismo. Al ser una fuerza interior, el amor se ve primeramente dentro de ti mismo dirigido hacia ti mismo.

–Los mortales van de un lado para otro enfebrecidos, agitados y angustiados a causa del amor –dijo Merlín–. Si no pueden tener a su ser amado, piensan que morirán. Pero el amor no puede llenarte de agitación, al menos el amor verdadero, porque nunca trata de salir fuera. La persona amada más deseable es sólo una extensión de tú mismo. El amor que piensas que recibirás de otra persona expone una limitación de tu propia conciencia. Para un mago, todas las formas de amor proceden del yo.

–Eso que dices resulta increíblemente egoísta –objetó Arturo.

–Estás confundiendo el yo con el ego, cuando en realidad el yo es espíritu –contestó Merlín–. El egoísmo surge del ego, que siempre quiere poseer, controlar y dominar. Cuando el ego dice «Te quiero porque eres mía», hace una afirmación referente a la dominación o la posesión y no al amor. Los que verdaderamente han aprendido a amar primero han eliminado el egoísmo. Entonces empieza una experiencia enteramente distinta.

–¿Y esa experiencia cómo es? –preguntó Arturo–. ¿La conoceré algún día?

–Un día, cuando te hayas librado de esta fiebre agitada, verás una lucecita en tu corazón. Al principio tendrá el tamaño de una chispa, luego el de la llama de una vela y finalmente será una rugiente hoguera. Entonces te despertarás y la llama devorará el sol, la luna y las estrellas. En ese momento no habrá nada excepto amor en el cosmos, pero todo ello seguirá estando dentro de tu propio corazón.

Vivir con la lección

Aprender a apartar el ego tiene lugar por etapas, pues hay muchas capas de aislamiento, miedo, hábitos, egoísmo e ira que nos impiden experimentar el amor tal como el mago lo conoce. Puede que el papel principal en el aprendizaje de comunicarse con la fuerza universal del amor lo desempeñe en primer lugar tu mente. La mente puede adoptar una perspectiva nueva y entonces será posible reeducar las emociones y las creencias.

¿Cuál es la base del nuevo punto de vista de la mente? Sencillamente que hay una fuerza del amor que está presente en todas partes, que es digna de confianza en el sentido de que pondrá orden y paz en tu propia vida. Prueba el siguiente ejercicio: sal al exterior de noche y contempla el cielo estrellado. Durante siglos el género humano ha contemplado esta escena y ha reflexionado sobre su estructura y su belleza, que son increíbles. Como mapa del orden de la naturaleza, es un ejemplo perfecto: al mirar el cielo nocturno, podemos apreciar el flujo del tiempo a lo largo de miles de millones de años, el flujo que ha nutrido cada uno de los pasitos de la vida del universo, desde la organización del primer átomo de hidrógeno hasta el advenimiento del ADN, pasando por la formación de las estrellas. No se ha perdido ni un solo hilo en ese inmenso lapso de tiempo; cada fragmento de información y energía ha evolucionado de una forma que te permite a ti, el observador, ver el interior de un cosmos que es la viva imagen de todo tu pasado.

Las fuerzas que hay en el universo son inmensas, no están al alcance de la mente, y, pese a ello, el proceso que dio origen a los átomos de hidrógeno, las estrellas y el ADN fue delicadísimo. Las cosas hubieran podido seguir direcciones muy diferentes, de hecho, infinidad de direcciones, cuyo resultado no hubiese sido lo que tú reconoces como tú mismo. Lo que permite que tenga lugar este número de equilibrismo son la organización y la inteligencia. Tal como lo ve el mago, el orden no puede salir sencillamente de la casualidad; es innato en la creación. Así, las fuerzas titánicas que giran a través del cosmos no combaten unas contra otras; les está permitido existir y evolucionar como parte de la tendencia de la naturaleza al crecimiento.

Ahora reúne todos estos factores: orden, equilibrio, evolución e inteligencia. Lo que tienes es una descripción del amor. No se trata del ideal popular, sino del amor del mago... la fuerza que sostiene la vida y la nutre. Es aquí donde la mente empieza a darse cuenta de que la fuerza del amor es verdaderamente real. En la vida moderna nos hemos acostumbrado a la casualidad, a la idea de que la vida es precaria y se ve amenazada a cada paso. Pero la historia de la vida demuestra que ha existido durante miles de millones de años; de hecho, parece crear las condiciones para su propia existencia por medio de alguna inteligencia profunda que nunca se ve amenazada. Por hostiles que sean las condiciones, la vida es inextinguible.

Esta percepción interior puedes aplicarla a tu propia vida. Imagínate su comienzo mismo, el momento en que un solo espermatozoo consiguió fecundar un óvulo en el útero de tu madre tras vencer miles de millones de factores contrarios a ello. Tu actual identidad depende totalmente de aquel acto. Las probabilidades contrarias a este fenómeno único hacen que parezca imposible, pero sucedió sin ningún esfuerzo. De modo parecido, has sufrido millones de agresiones por parte del entorno, la contaminación, la radiación, incluso por parte de mutaciones fortuitas dentro de tus células; cualquiera de estas agresiones hubiese podido poner fin a tus probabilidades de sobrevivir en cualquier momento desde la concepción hasta la actualidad. Sin embargo, la inteligencia y la facultad organizadora que hay dentro de ti han superado estos obstáculos con facilidad, sin hacer esfuerzo alguno, a pesar de toda la lucha que tu mente consciente pueda considerar necesaria para que la vida continúe. En verdad, tu mente consciente no podía prever ni planear cómo concebir vida, hacer que continuara o defenderla de tan terribles peligros.

Ahora bien, si esta facilidad sin esfuerzo puede funcionar en el nivel inconsciente y celular, ¿por qué no en el consciente? ¿Puedes verte a ti mismo montado en la cresta de la ola de la vida? De hecho, eso es lo que estás haciendo a cada momento. Tus impulsos personales de pensar, sentir y actuar son como la cresta de una ola y constantemente avanzan hacia el futuro, pero, también de forma constante, se renuevan desde abajo... la oleada de amor que constantemente sostiene la vida es como el movimiento del océano que renueva cada ola.

Ver eso representa el principio de la confianza. Si fuerzas titánicas como la gravedad y las energías inmensas que alimentan a las estrellas son capaces de coexistir sin destruirse mutuamente, entonces tu propia vida será sostenida. El miedo y la duda dicen que esto no puede ser verdad; nuestra profunda creencia en la lucha se basa en la idea de que si no luchásemos para sobrevivir, nos aplastaría la indiferencia fortuita de la naturaleza. El mago abre un camino diferente, invitándonos a entrar en un mundo donde el miedo, la violencia y la destrucción son reflejos de nuestras propias creencias erróneas. A la luz de la confianza, a medida que crece lentamente a lo largo del tiempo, comprobarás que eres un hijo privilegiado del universo, totalmente a salvo, totalmente apoyado, totalmente amado.

Lección 9

El mago vive en un estado de conocimiento.
Este conocimiento orquesta su propia realización.

El campo de la conciencia se organiza en torno a nuestras intenciones.

El conocimiento y la intención son fuerzas. Lo que tienes la intención de hacer cambia el campo a favor tuyo.

Las intenciones comprimidas en palabras envuelven poder mágico.

El mago no trata de resolver el misterio de la vida.
Está aquí para vivirla.

El pequeño Arturo tardó mucho tiempo en comprender del todo que un mago le había instruido. Merlín se lo había llevado al bosque pocas horas después de que naciera, y hasta que volvió al mundo años después no comprendió Arturo la curiosidad que despertaba su asociación con un *mago*.

–Si realmente has conocido a Merlín –le decía la gente (la que se tomaba la molestia de pensar que el chico no estaba sencillamente chiflado)–, ¿qué sortilegios te enseñó?

–¿Sortilegios? –preguntaba Arturo.

–Conjuros, encantamientos, palabras especiales que dan a Merlín sus poderes –decían ellos, pensando que Arturo debía de ser muy tonto o estar muy engañado.

–Merlín me enseñó cosas sobre palabras, sí –decía Arturo hablando despacio y meditando la pregunta–. Me dijo que las palabras tienen poder, que ocultan secretos que son como trampillas que dan acceso a pasadizos subterráneos.

Esta explicación quedaba bien, pero no acababa de convencer a la gente. Lo que quería saber era cómo funcionaban realmente los sortilegios de Merlín.

–Pues –contestaba Arturo–, cuando era muy pequeño, recuerdo que Merlín me decía «Come». Cuando era un poco mayor, decía «Camina», y si permanecía levantado hasta muy tarde, me decía «Duerme». Que yo recuerde, he estado comiendo, caminando y durmiendo desde entonces, de modo que debían de ser unos sortilegios muy potentes, ¿no estáis de acuerdo?

Nadie lo estaba. Se iban preguntándose si aquel chico bobo que sir Héctor había tomado bajo su protección llegaría algún día a ser algo.

Entender la lección

El poder de las palabras no radica en su significado superficial, sino en cualidades que no están a la vista. Cada palabra, por ejemplo, encierra a la vez conocimiento e intención. Ambas cualidades son mágicas. La magia del conocimiento consiste en que en unas cuantas sílabas pueden incluirse muchas capas de experiencia, de hecho, toda una historia.

–Da a tu reino el nombre de Camelot –aconsejó Merlín al muchacho antes de que éste emprendiera el camino de vuelta al mundo.

–¿Por qué? –preguntó Arturo.

–Es una palabra nueva que no tiene que soportar el peso de la historia como lo soporta la palabra «Inglaterra» –contestó Merlín–. La gente la identificará contigo y con todos los que reúnas a tu alrededor. Servirá de piedra de toque. En cuanto la gente la pronuncie, todo tu reinado y todas tus hazañas se abrirán ante ella, como si tocasen una palanca y abrieran la puerta de un armario lleno de riquezas.

Lo cual resultó ser cierto.

Todas las palabras más ricas de la lengua abren pasadizos ocultos de significado y conocimiento. Pero la segunda cualidad de las palabras, la intención, es todavía más poderosa. Intención era lo que expresaba Merlín cuando, como cualquier otro padre, le decía a su hijo que comiese, caminara y durmiese. Es por medio de estas palabras que todos aprendimos funciones importantes, pero, ahora que las conocemos, las palabras ya no son necesarias. Ya no te dices a ti mismo que has de comer, caminar o dormir. La intención de la palabra ha quedado absorbida en ti y ahora lo único que necesitas es un recordatorio («Me parece que me voy a dormir»), y entonces se produce el resultado deseado.

¿Es realmente apropiado llamar a esto «sortilegio», como hacía Arturo? Sí, porque una vez la intención de una palabra ha quedado absorbida, se ha hecho un sortilegio bajo la forma de una impronta mental. Pronuncia la palabra «escuela» ante cualquier persona, e inmediatamente se pondrá en marcha la experiencia de ir a la escuela. Al buen estudiante se le aparecerán asociaciones de éxito y alabanzas; al mal estudiante, de fracasos y críticas. Nuestra vida entera se halla empaquetada dentro de nosotros bajo la forma de improntas provocadas por palabras.

–Los mortales están envueltos en palabras del mismo modo que la araña envuelve a las moscas en su tela –afirmaba Merlín–. Sólo que en este caso tú eres a la vez araña y mosca, porque te aprisionas en tu propia red.

Es indiscutiblemente cierto que todos usamos nuestras propias palabras para imprimir los hábitos que hacen que la vida continúe de modo inconsciente. De la identificación por medio de nombres y rótulos ya hemos hablado. Cabe señalar que, por supuesto, los nombres y los rótulos son sin excepción palabras. Pero ¿qué palabras nos permitirán librarnos de viejos hábitos y de identificaciones limitadas? Si todas las palabras dejan una impronta en la mente, ¿todas las palabras son forzosamente limitadoras?

–La paradoja de las palabras –dijo Merlín– estriba en que tienes que usarlas para disciplinarte e instruirte. Caminar, hablar, leer... todas estas cosas son funciones de las que un bebé carece. A la madre y al padre les corresponde educar a un hijo en las costumbres del mundo, y eso se hace con palabras.

»El problema está en que las palabras son portadoras de significados psicológicos. Es por medio de palabras que los padres hacen que los hijos se sientan bien o mal, en posesión de la razón o equivocados. Las expresiones más poderosas que pueda usar alguien son "sí" y "no". El efecto de estas dos sílabas es construir fronteras o destruirlas. Todo lo que tú piensas que puedes hacer tiene un "sí" enterrado en alguna parte, normalmente pronunciado por el padre o la madre, o por un maestro, en un pasado lejano. Todo lo que pienses que no puedes hacer tiene un "no" enterrado en ello, de las mismas fuentes.

–¿Por qué es eso una paradoja? –preguntó Arturo.

–Porque aunque las palabras nos dicen quiénes somos, seguimos siendo algo más de lo que pueden decirnos. Por poderoso que sea el sortilegio que formulen las palabras, las personas pueden cambiar. El poder de las palabras puede crear algo nuevo y no simplemente un límite.

El mago usa palabras para decir «sí» a cosas a las que nos han enseñado a decir «no». En un nivel, eso es lo que está haciendo el presente libro: tejer un nuevo mundo de significados que sustituyan a los antiguos significados con los que hemos crecido todos. Pero hay aquí un misterio más hondo. Las palabras encierran tanto conocimiento como intención; por tanto, expresar una intención por medio de palabras es el primer paso que lleva a que esta intención se haga realidad. Dos buenos ejemplos de ello son la plegaria y la afirmación. Afirmar cosas tales como «Soy bueno» o rezar a Dios con palabras tales como «Haz que me cure» es algo más que un simple expresar pensamientos verbalmente.

Siempre que esté respaldada por la intención, una palabra entra en el campo de la conciencia como mensaje o petición. Con ello el universo recibe el aviso de que tienes cierto deseo. Para que los deseos se hagan realidad no se requiere nada más que eso, toda vez que la capacidad de computación de la conciencia universal es infinita. Todos los mensajes se oyen y luego se actúa de acuerdo con ellos.

–Los mortales y los magos no son tan diferentes como quizá pienses –dijo Merlín–. Ambos grupos mandan sus mensajes al campo esperando una respuesta, pero en el caso de los mortales, los mensajes son incompletos y confusos; en el caso de los magos, son de una claridad cristalina. Jamás se hace caso omiso de intención alguna, pero su realización puede chocar con obstáculos debido a que en ellas se ocultan tantos conflictos, todos los conflictos que anidan en el corazón humano.

Vivir con la lección

Vivir con esta lección significa reconocer que todas tus intenciones llevan a algún resultado. Un mago es alguien que sabe exactamente cómo hay que inyectar intenciones en el campo y esperar que se hagan realidad. El resto de nosotros no somos tan conscientes. También nosotros mandamos constantemente intenciones al campo, pero las mandamos de forma inconsciente. Nuestros deseos son fortuitos o repetitivos u obsesivos, todo lo cual significa malgastar energía.

–Los mortales dais por sentado que tenéis que trabajar para que vuestros sueños se hagan realidad –dijo Merlín–. Cuando, de hecho, la mayor parte del trabajo que hacéis cuando vais corriendo de un lado para otro *impide* que vuestros sueños se hagan realidad.

Desde el punto de vista de un mago, cuanto menos esfuerzo hagas, mejor. En sus enseñanzas, los magos muestran a sus alumnos qué hay que hacer para pensar de manera más ordenada, consciente y eficiente. Para tal fin, primero tienes que eliminar hábitos del pensamiento que obstruyen la capacidad del universo de cumplir tus deseos.

Imagínate que tu mente es un transmisor de radio que bombardea el campo con mensajes. Si te sientas en silencio y observas tu mente, verás que está llena de señales mixtas. Las cosas que queremos llevar a cabo también nos hacen dudar; la persona en que queremos convertirnos es también alguien de quien no estamos completamente seguros.

De forma parecida, la mente está llena de repeticiones sin sentido. Se ha calculado que el 90 por ciento de los pensamientos que tiene una persona en un día dado son los mismos que tuvo el día antes. Esto se debe a que todos somos seres propensos al hábito, la preocupación y la obsesión. En último lugar, la mente está llena de estática inconsciente que se remonta a las profundidades mismas de la memoria infantil. Puede que estés prestando atención sólo a tus pensamientos conscientes, volitivos, pero en el fondo tu mente inconsciente está revolviendo sus esperanzas incumplidas, sus viejos temores y deseos... en resumen, todas las cosas que no parecieron hacerse realidad en el pasado.

Las intenciones son sencillamente deseos y los deseos están vinculados a lo que necesitas. Así pues, toda esta actividad de la mente que no se está cumpliendo consiste en antiguas *necesidades* que no se satisficieron. En miles de ocasiones pasadas has pensado «quiero» o «deseo» o «espero», pero pareció que nada ocurría, o bien sucedieron cosas diferentes y menos deseables.

–Ojalá pudiera barrer tu cerebro –gruñó una vez Merlín debido a que Arturo se estaba comportando de forma especialmente confusa–. Tu pensamiento debería fluir con claridad y, en vez de ello, es una guerra.

–¿Por qué no puedes barrer mi cerebro? –preguntó Arturo inocentemente.

–Porque todos y todo lo que hay dentro de él son tú –Merlín suspiró–. Te has convertido en todos esos conflictos viejos y repetitivos, y no desaparecerán hasta que cambies.

El primer paso hacia el cambio es el *reconocimiento*. Reconoce que, como mínimo, se han hecho realidad unas cuantas esperanzas y deseos tuyos. Inesperadamente, sin que tuvieras que hacer nada, alguien te ha llamado por teléfono justo cuando necesitabas hablar con esa persona, has recibido ayuda de procedencia invisible, tus plegarias han encontrado respuesta. Todo esto está sucediendo en el campo. Cuando tienes una intención y la mandas a la conciencia universal, en realidad estás hablando contigo mismo bajo otra forma. Como remitente del mensaje, eres un individuo que vive aquí en el tiempo y el espacio. Pero eres también el receptor del mensaje, en tu calidad de yo superior que preside tu identidad espacio-tiempo. Y todavía hay más: eres el medio del mensaje, la mismísima conciencia pura.

Para verte a ti mismo verdaderamente necesitas verte como poseedor de estos tres aspectos: remitente, receptor y medio. Hay muchas variaciones sobre este tema: eres el deseo, el que desea y el que concede deseos. Eres el observador, lo observado y el proceso de observación. A este estado triple se le conoce por el nombre de «unidad». Así que mandar una intención al campo y obtener una respuesta no es algo cuya consecución te obligue a trabajar. En tu naturaleza unificada, cumplir intenciones es *todo* lo que haces; es tu ocupación única. No hay ningún pensamiento que puedas tener que no responda enviando algún resultado.

El problema es que todos pasamos por alto resultados que son demasiado sutiles, que no encajan directamente en nuestros objetivos, que no coinciden con los juicios de nuestro ego sobre lo que *debería* suceder.

–Los mortales vivís en un mundo de *debería* y de *¿y si...?* –dijo Merlín–. Yo vivo en un mundo de *lo que es.*

Cuando aprendas a tranquilizar la mente y purificarla de todos los conflictos que llevan mucho tiempo anidando en ella, aparecerá ante ti la sencilla realidad de cómo funciona el universo, el *lo que es.* Hablaremos más de ello en la tercera parte del libro. De momento, dedica un poco de tiempo cada día a fijarte en el contenido de tu mente. Este acto de prestar atención, aun siendo muy sencillo, es uno de los pasos más poderosos para provocar un cambio. Lo que no ves no puedes cambiarlo.

Puede que a tu ego no le guste reconocer que estás lleno de negativas, conflictos, intenciones distintas, vergüenza, culpa y todas las demás confusiones que enturbian la mente y le impiden ver la realidad del *lo que es.* De hecho, el ego se enorgullece de su capacidad de ocultarte estas cosas, con el pretexto de que sufrirás dolor si examinas tus errores, defectos y pecados.

El segundo paso es aprender a *realizar tus intenciones.* Los pasos son completamente naturales, pero hay que aprenderlos. Haz que el ego, con todas sus expectativas y anticipaciones, se aparte. En lugar de experimentar la sensación de que tienes que controlar el resultado de tu intención, ten la seguridad de que el campo lo hará por ti. Suelta tu intención en el campo de lo intemporal; cuanto más ampliada esté tu conciencia, más clara será la señal que envíes.

Finalmente, tómate todo el proceso con *calma y naturalidad.* Cuando todos estos pasos se unan, tu intención entrará en el campo de la conciencia, que actúa como una matriz y conecta tu pensamiento individual con todo lo que es. El movimiento fácil hacia un resultado no se verá obstaculizado ni obstruido por angustias y apegos del ego temeroso.

En verdad, ninguna parte de la oscuridad de la mente es pecado.

–Recuerda siempre –advirtió Merlín al joven Arturo– que Dios no juzga, que sólo la mente juzga.

Que todos tus deseos sinceros se hagan realidad es lo que Dios quiere para cada persona; es nuestro estado natural como creadores de nuestra propia realidad.

Lección 10

Todos tenemos un yo espectral que forma parte de nuestra realidad total.

El espectro no ha venido a hacerte daño, sino a señalar dónde estás incompleto.

Al abrazar el espectro, se le puede curar. Al curarlo, se convierte en amor.

Cuando puedas vivir con todas tus cualidades opuestas, estarás viviendo tu yo total como el mago.

–Nunca das la impresión de sentirte solo –comentó Arturo a Merlín. Había un tono triste en su voz.

El mago le miró atentamente.

–No, es imposible sentirse solo.

–Quizá lo sea para ti, pero... –El muchacho calló y se mordió los labios. No obstante sus sentimientos se salieron con la suya y exclamó–: ¡Es muy posible sentirse solo! En estos bosques no hay nadie salvo tú y yo, y aunque te quiero como a un padre, hay momentos en que... –No sabiendo qué más podía decir, Arturo enmudeció.

–Es imposible sentirse solo –repitió Merlín en tono más firme.

La curiosidad se impuso a los demás sentimientos de Arturo.

–No veo por qué –dijo.

–Pues hay solamente dos clases de seres por los que tú y yo necesitamos preocuparnos en este asunto –empezó a decir Merlín–. Los magos y los mortales. Es imposible que los mortales estéis solos porque hay tantas personalidades luchando dentro de vosotros. Es imposible que los magos se sientan solos porque no tienen absolutamente ninguna personalidad dentro de ellos.

–No lo entiendo. ¿Quién está dentro de mí excepto yo mismo?

–Primero debes preguntarte quién es esta cosa llamada «yo mismo». Pese a la sensación de ser una persona singular, en realidad eres un compuesto de muchas personas, y tus numerosas personalidades no siempre se llevan bien las unas con las otras... muy al contrario. Estás dividido en docenas de facciones, todas ellas luchando por ocupar tu cuerpo.

–¿A todo el mundo le pasa lo mismo? –preguntó el muchacho.

–Oh, sí. Hasta que encuentres tu camino para alcanzar la libertad, estarás en poder del conflicto entre tus personalidades interiores. Sé por experiencia que los mortales siempre estáis haciendo guerras interiores en las que intervienen todas las facciones posibles.

–A pesar de ello, me siento como una sola persona –protestó Arturo.

–Eso no puedo remediarlo –contestó Merlín–. Tu sensación de ser una sola persona nace del hábito. Te resultaría igual de fácil verte a ti mismo del modo que acabo de describir. Mi descripción se ajusta más a la verdad, pues explica por qué los mortales parecen tan divididos en fragmentos y llenos de conflictos a ojos de un mago. En conjunto, resulta tan desconcertante conocer a un mortal, que con frecuencia creo estar hablando con un poblado entero metido en una sola envoltura de carne y hueso.

El muchacho adoptó un aire pensativo.

–Entonces, ¿por qué me siento tan solo? Pues, si quieres que te diga la verdad, Maestro, así es como me siento.

Merlín dirigió una mirada penetrante a su discípulo.

–En verdad que parece extraño que con tanta gente luchando por ocupar tu cuerpo alguna vez puedas sentirte solo. Pero he sacado la conclusión de que la soledad existe mientras existan otras personas. Mientras exista un «yo» y un «tú» habrá una sensación de separación, y donde hay separación, tiene que haber aislamiento. ¿Qué es la soledad si no otra forma de llamar al aislamiento?

–Pero siempre habrá otras personas en el mundo –protestó Arturo.

–¿Estás tan seguro? –repuso Merlín–. Siempre habrá personas, es innegable, pero ¿serán siempre *otras* personas? Espera hasta que llegues al final del camino del mago, entonces dime cómo te sientes.

Entender la lección

Cuando miras con atención dentro de ti mismo, encontrarás que hay muchas personalidades que compiten por usar tu cuerpo. Por ejemplo, el conflicto entre el bien y el mal es el origen de dos personalidades, la santa y la pecadora. Éstas nunca dejan de discutir, y un bando alberga siempre la esperanza de ser lo bastante bueno como para satisfacer a Dios, mientras que el otro siente impulsos «malos» que no siempre es posible reprimir.

Luego están los papeles con los que te identificas: hijo, padre, hermano, hermana, varón, hembra, por no hablar del trabajo que haces: médico, abogado, sacerdote, canguro, etcétera. Cada una de estas facetas ha hecho una reclamación dentro de ti y grita por encima de las demás con el fin de proponer un punto de vista estrecho. Ni siquiera hemos rozado tu sentido de nacionalidad y de identidad religiosa... ellas solas causan un sinfín de problemas.

Estas personalidades suelen estar en pugna. Lo que llamamos «felicidad» es un estado en el cual gran parte de esta pugna se ha extinguido. Cuando naciste esta guerra no existía en ti, porque los bebés no tienen conflictos relacionados con sus deseos. No hay voces que hablan en nombre del bien ni en nombre del mal, por ejemplo, hasta que el bebé tiene la edad suficiente para aprender estos conceptos de sus padres.

–No puedes convertirte en mago hasta que vuelves a pensar como un bebé –dijo Merlín.

–¿Cómo piensan los bebés? –preguntó Arturo.

–Por medio del sentimiento, principalmente. Un bebé siente hambre o sueño. Cuando se le presentan sensaciones, el bebé nota si le producen placer o dolor y responde de acuerdo con ello. Un bebé no tiene inhibiciones en lo que se refiere a desear el placer y evitar el dolor.

–No veo que haya nada especial en eso –dijo Arturo–. Los bebés simplemente lloran y sonríen y comen y duermen.

–Muchos mortales serían afortunados si pudieran hacer esas cosas después de convertirse en adultos –musitó Merlín–. Estar en este mundo y sentirse satisfecho es una verdadera hazaña.

El bebé recién nacido pierde rápidamente su instinto inocente sobre lo que da una sensación buena o mala. Empiezan a aparecer voces en su interior, al principio la voz de la madre diciendo «sí» y «no», «bueno» y «malo» están de acuerdo con lo que el bebé quiere, no pasa nada malo. Pero inevitablemente surge un conflicto entre las necesidades del bebé y lo que esperan sus padres. El mundo interior empieza a chocar con el exterior. Muy pronto se plantan las semillas de los sentimientos de culpa y vergüenza; el miedo mancha el temperamento impávido del recién nacido. El bebé ha aprendido a dudar de sus propios instintos. El impulso interior que dice: «Esto es lo que quiero» se transforma en una pregunta: «¿Está bien que quiera esto?».

Nos pasamos toda la vida esforzándonos por volver al estado de aceptación propia con el que nacimos de forma natural. Durante años los interrogantes se multiplican y en las cuevas secretas y los sótanos tenebrosos de la psique metemos tantas dudas, vergüenza, culpa y miedo como podemos. Estos sentimientos siguen estando vivos, por muy hondo que sea el lugar donde los escondamos. Todos los conflictos interiores que tan difícil nos resulta conciliar nos llevan de vuelta a un yo espectral.

–Es interesante esto de la corte –comentó una vez Merlín a Arturo después de que éste se convirtiera en rey–. No me había dado cuenta de que todos los mortales teníais el mismo trabajo.

–¿De veras? –preguntó Arturo–. ¿Y de qué trabajo se trata?

–De carcelero –contestó, Merlín, que se negó a decir otra palabra sobre el asunto.

A ojos de un mago todos somos los carceleros de nuestro yo espectral. La mente inconsciente es la prisión donde están encerradas las energías que se rechazan, no porque sea necesario encerrarlas, sino porque es lo que nos obligan a hacer años y años de «sí» y «no», «bueno» y «malo». Después de reflexionar sobre las palabras de Merlín en el sentido de que somos carceleros, Arturo se le acercó y dijo:

–Yo no quiero ser así. ¿Cómo puedo cambiar?

–Nada hay más fácil –repuso Merlín–. Bastará con que te asegures de que interpretas ambos papeles, el de carcelero y el de prisionero. Si tú eres ambas caras de la moneda, entonces ninguna de ellas debe de ser tú, pues se anulan mutuamente. Reconoce esto y sé libre.

–No sé cómo –protestó Arturo–. ¿Cómo puedo encontrar este yo espectral del que hablas?

–Sencillamente escuchando. Al igual que todos los prisioneros, transmite mensajes golpeando la pared de su celda.

El yo espectral no es más que otro papel o identidad que llevamos de un lado para otro, pero no es un papel o identidad que mostremos en público. La mayor parte del tiempo el yo espectral se siente demasiado avergonzado o temeroso para presentarlo a la luz del día. Pero no cabe duda de que existe, puesto que cada uno de nosotros ha inventado nuestro propio espectro, un personaje cuya misión consiste en acarrear todas las energías que no hayamos podido descargar. Para un bebé recién nacido el problema de seguir aferrado a sentimientos «malos» no existe. Cuando proyectes algo negativo en el entorno de un bebé, éste romperá a llorar o le dará la espalda inmediatamente.

Ésta es una reacción sanísima, toda vez que, al expresarse tan libremente, un bebé puede descargar energías que, de no ser por ello, continuarían pegadas a él. Al crecer, sin embargo, aprendimos que no siempre es apropiado darse a la expresión espontánea.

En nombre de la buena educación y del tacto, o de saber cuál es el lugar que nos corresponde, o de hacer lo que nuestros padres dicen, cada uno de nosotros aprendió a quedarse con energías negativas. Nos convertimos en pilas cada vez más duraderas, hasta que ahora, ya adultos, conservamos iras, resentimientos, frustraciones y temores que vienen de hace años. Lo peor de todo es que nos hemos olvidado del instinto que nos haría descargar nuestras pilas.

–Algún día sentirás gran interés al ver lo mucho que te pareces a una bomba –dijo Merlín al joven Arturo.

–¿Qué es una bomba?

–Si vivieras retrocediendo en el tiempo, que es la única forma sensata de vivir, lo sabrías. –Merlín reflexionó durante un segundo–. Imagínate una vejiga de cerdo que hinchas soplando hasta que revienta. Pues una bomba funciona de acuerdo con el mismo principio, sólo que revienta con tanta fuerza que mata a personas.

–Dios mío, ¿no podría impedirse eso en el futuro? –preguntó Arturo, alarmado.

–No, no lo entiendes. Las bombas estallan *porque* matan a personas. De eso se trata. Lo he mencionado sólo porque las bombas se parecen mucho a los mortales mismos, que van por ahí a punto de estallar de un momento a otro. La explosión de metralla, ése es el nombre que darán a los fragmentos, no es nada más que la explosión de rabia hecha manifiesta. A decir verdad, si los seres humanos pudieran estallar y matar a personas sin temor a represalias, la mayoría de ellos lo harían.

Vivir con la lección

Poner fin a la guerra que hay dentro de ti mismo significa poner fin al conflicto entre todas tus personalidades. Puedes librar al yo espectral de su carga de energías retenidas del pasado y crear así una condición propicia a la paz interior, ya que el miedo a sufrir daño es lo que hace que tus voces interiores desconfíen unas de otras.

Pero no puedes empezar a resolver estas tensiones interiores hasta que sepas de qué están hechas tus personalidades interiores.

Las personalidades siempre están hechas de lo mismo: un poco de energía antigua apegada a un recuerdo. Por ejemplo, supongamos que recuerdas que cuando eras niño te castigaron por algo que no habías hecho. La energía del resentimiento o la injusticia se apegará a ese recuerdo y empezarás a construir un fragmento de personalidad –la de niño resentido– que vivirá con su estrecha visión de las cosas hasta que esa energía sea liberada. El niño interior resentido no es más que un recuerdo que espera descargar su energía retenida y permanecerá encallado hasta que tenga lugar esa descarga.

Debido a que tienes recuerdos con asociaciones felices, además de las dolorosas, las personalidades interiores adquieren formas agradables y desagradables. Es agradable recordar que te premiaron por el trabajo bien hecho; es desagradable recordar que te criticaron. Pero estos recuerdos contrapuestos no se anulan mutuamente; retienen su integridad y su conflicto con sus contrarios. Forma parte de la naturaleza de los juicios decir «Tengo razón», aun cuando la siguiente experiencia sea totalmente contradictoria. Llevarás encima las críticas o el castigo injusto, repitiendo las circunstancias una y otra vez, mientras en el compartimento contiguo estará expresando su punto de vista otra energía, la de haber sido tratado con justicia y premiado como era debido.

Ponerse en comunicación con estas energías retenidas es fácil. Siéntate durante un momento a solas, en una habitación silenciosa. Aspira y espira despacio. Ahora, sin cambiar tu forma de respirar, simplemente fíjate en la placidez del ritmo y el flujo de la respiración. No vayas más lejos hasta que respires de forma fluida y acompasada. Cuando lo hayas conseguido, trata de recordar algún incidente muy desagradable de tu pasado, un incidente que lleve aparejadas intensas emociones negativas, tales como vergüenza, humillación o culpa. Vamos a suponer que te pillaron haciendo trampas en un examen o robando. Que el incidente fuese leve o grave no tiene importancia, ya que lo que buscas es una emoción persistente.

Haz que tu mente recuerde con vivas imágenes el incidente de marras y permítete a ti mismo experimentar los sentimientos que lo acompañaron. Ahora fíjate en tu respiración: ya no será plácida. Según la clase de emoción que hayas recordado, tu respiración se habrá vuelto entrecortada o poco profunda; hasta puede que te encuentres con que estás jadeando o conteniendo el aliento. Estos cambios reflejan el hecho de que la respiración es un espejo fiel del proceso de pensar, y, en particular, de cualquier emoción recordada. Lo que estás experimentando son los tres componentes de que estamos hablando: memoria, energía y apego. Cuando los tres se juntan, obtienes los principios de una subpersonalidad.

Todas las subpersonalidades quieren lo mismo: expresarse por medio de ti. El recién nacido que llora, el niño que se siente solo, el adolescente frustrado, el amante lleno de esperanza, el trabajador ambicioso: todos quieren tener vida por medio de ti. Y la tienen, en cierto modo. Ninguna personalidad sola encuentra jamás una realización completa; por consiguiente, todas tienen que pedir a voces su momento en el sol... o en las sombras.

El conflicto que nace de ello es la causa de que la vida humana sea tan ambigua, esté tan llena de luz y sombra a la vez. El mago, sin embargo, vive sólo bajo la luz. Al igual que un niño recién nacido, un mago no se aferra a la energía. Habiendo liberado todos aquellos apegos recordados que dan pábulo a nuestra guerra interior, un mago va más allá de la personalidad y mora en la conciencia pura. Puede que el camino que hay que seguir para pasar del estado mortal al estado del mago parezca misterioso, pero en realidad es completamente natural. Lo único que se necesita es *equilibrio*, elemento que el flujo de la vida es perfectamente capaz de preservar.

Hay muchas maneras de liberar energías antiguas. Una de las más eficaces consiste sencillamente en reconocer que están ahí. En vez de negar que sientes vergüenza o culpa, por ejemplo, mírate a ti mismo y di: «Me siento así». A menudo este momento de conciencia de uno mismo es suficiente, porque en esencia todas las energías retenidas se están viendo atrapadas en el interior por medio de la negativa. Supera la negativa y habrás ganado la mitad de la batalla. El reconocimiento es una manera de aceptarse uno mismo. No hace falta que digas: «Sentir vergüenza y culpa no es malo», toda vez que, de hecho, éstas son energías que quieres liberar en vez de perpetuarlas. Pero, desde luego, está bien decir: «Tengo estos sentimientos. Son reales».

Una de las técnicas más eficaces para superar la negativa es, una vez más, usar la respiración. Échate en una habitación silenciosa y relájate. Ahora aspira aire como quieras, superficial o profundamente, deprisa o despacio, luego espira ese aire de manera natural. No te atengas a ningún ritmo ni hagas esfuerzo alguno, sencillamente deja que el aliento salga. Puede que suspires o jadees; no te preocupes por ello.

Ahora vuelve a aspirar aire y deja que salga, sin forzarlo ni retenerlo. Mientras continúas respirando así, deja que las emociones o las imágenes floten hacia arriba y se liberen. Una forma de ayudar a este proceso consiste en concentrar la atención en el corazón o en cualquier parte del cuerpo donde notes sensaciones, toda vez que existe una relación estrecha entre ciertos lugares físicos y las emociones.

Continúa haciendo este ejercicio y tus energías retenidas empezarán a fluir hacia el exterior. Entre los síntomas de esta descarga puede haber recuerdos vagos, sombras de sentimientos o incluso fuertes expresiones de emoción, tales como el llanto. (Si tus sentimientos adquieren demasiada fuerza, interrumpe el ejercicio y descansa con los ojos cerrados durante cinco minutos.) La mayoría de las personas tienen tanta energía almacenada, que pronto se quedan dormidas al respirar de este modo: es una señal de que tu cuerpo está liberando una energía almacenada en un nivel muy profundo.

Si no sientes ninguna liberación de energía de las maneras que acabo de describir, será que estás utilizando la mente para conservarla. Una forma de dar un rodeo y evitar la mente consiste en cambiar ligeramente el modo de respirar: trata de jadear superficialmente y con bastante rapidez. Esta respiración rápida, superficial y rítmica distraerá la mente consciente y permitirá que las energías pasen por su lado sin ser retenidas. Puedes jadear así durante uno o dos minutos, pero no más, ya que la liberación puede hacerse fácilmente demasiado fuerte.

Este ejercicio puede repetirse para expulsar viejas energías retenidas, pero también es muy útil para aprender a descargar cualquier emoción o sentimiento nuevo que quiera salir. Al igual que cualquier otro aspecto de ti mismo, tu espectro quiere expresarse y ser libre, y el primer paso en esa dirección consiste en encontrar una manera natural y agradable de liberar energías negativas en vez de almacenarlas en ocultas mazmorras de la mente.

Lección 11

El mago es el maestro de alquimia.
La alquimia es transformación.

Por medio de la alquimia comienzas la búsqueda de la perfección.

Tú eres el mundo. Cuando te transformes,
el mundo en que vives también se transformará.

Los objetivos de la búsqueda –heroísmo, esperanza, gracia,
y amor– son la herencia de lo intemporal.

Para recabar la ayuda de un mago, debes ser fuerte
en la verdad, en vez de terco en el juicio.

Después de abandonar el bosque de Merlín, el joven Arturo vivió con el anciano sir Héctor y su hijo Kay. Le dieron el puesto de escudero, pero sólo de nombre. Arturo no tenía familia ni posesiones. No podía comprarse su propia ropa, y nadie creía realmente que fuese de familia noble. A espaldas de sir Héctor, los mozos de cuadra le arrojaban barro y las doncellas cuchicheaban que Arturo era conocedor de la magia negra.

A resultas de todo ello, Arturo pasaba gran parte de su tiempo a solas. Un día se encontraba sentado al borde de un bosquecillo de robles con los ojos clavados en un abollado jarro de agua hecho de plomo cuando casualmente Kay pasó por allí.

–¿Has robado eso? –preguntó Kay con suspicacia.

–No –contestó Arturo, meneando la cabeza–. Me lo han prestado.

–¿Para qué?

–La alquimia.

Kay abrió mucho los ojos. Le habían dicho que los magos poseían la facultad de convertir los metales viles en oro.

–¿Te enseñaron alquimia? –preguntó Kay. Arturo dijo que sí con la cabeza–. Si puedes transformar plomo en oro –dijo Kay, presa de excitación–, nuestra familia será la más rica de Inglaterra. Enséñame.

Arturo asintió con la cabeza y con un gesto indicó a Kay que se sentara a su lado en la hierba. Sin decir otra palabra, empezó a mirar fijamente el jarro de plomo. Al cabo de un momento, Kay se fijó en que Arturo tenía los ojos cerrados. Esperó con impaciencia, pero cuando Arturo abrió los ojos quince minutos más tarde, el jarro no había cambiado.

–Me parece que eres un farsante –dijo Kay con vehemencia–. El jarro sigue siendo de plomo.

Arturo no se inmutó.

–Pues claro que sigue siendo de plomo. No es más que un recordatorio. *Yo soy* el que está tratando de convertirse en oro.

Entender la lección

La alquimia es el arte de la transformación. Tal como lo enseñan los magos, los secretos de la alquimia existen para transformar a los mortales de un estado de sufrimiento e ignorancia a un estado de ilustración y gran felicidad. Merlín dijo:

–La alquimia tiene lugar de forma constante. No puedes impedir que se produzcan transformaciones en todos los niveles de la vida. Es *tu* transformación la que me interesa. Comparado con ello, transformar metales viles en oro es una cosa trivial.

La alquimia es una búsqueda y lo que se busca es siempre la misma cosa: la perfección. Del mismo modo que el oro es el más perfecto de los metales porque no puede corromperse, la perfección en un ser humano significa estar libre de dolor, sufrimiento, duda y temor.

–Pero ¿y si no se pueden perfeccionar los seres humanos? ¿Y si somos verdaderamente tan débiles e imperfectos como parecemos? –preguntó Arturo.

–El secreto no radica en tu *apariencia*, sino en hasta qué punto deseas parecer *profundo*.

La búsqueda son viajes personales y todos los pasos se dan a solas. Pero Merlín tenía muchas cosas que decirle a Arturo antes de que emprendiese su búsqueda.

–Te he dicho con frecuencia que este conjunto de carne y hueso no es tu cuerpo, que esta personalidad limitada que experimentas no es tu yo. Tu cuerpo es en realidad infinito y forma un conjunto con el universo. Tu espíritu abarca todos los espíritus y no tiene ningún límite en el tiempo ni en el espacio. La labor de la alquimia desplegará estas verdades ante ti.

Cuando Merlín pronunció estas palabras, la era de los magos ya casi había concluido y había dado paso a la nueva era, que sería gobernada por la razón. La razón afirma que la alquimia es imposible y, a medida que los magos fueron retrocediendo hacia las penumbras de la leyenda, la gente comenzó a aceptar que, de hecho, estaba limitada a vivir bajo la forma de envolturas finitas de carne y sangre en pequeñas cuñas de tiempo y espacio.

Debido a que damos por sentado que las cosas sólidas son reales, atribuimos realidad a la materia sólida de que estamos hechos. Los mismos átomos de hidrógeno, nitrógeno, oxígeno y carbono constituyen las nubes, los árboles, las flores, los animales y tu propio cuerpo, pero estos átomos se desplazan y cambian constantemente: menos del 1 por ciento de los átomos que se hallaban presentes en tu cuerpo el año pasado siguen estando allí hoy. Incluso en términos materiales tiene poco sentido decir que eres materia sólida cuando debajo de esa solidez hay un mundo de espacio vacío y flujo constante. La búsqueda que es la alquimia empieza debajo de la superficie de átomos y moléculas, detrás de la apariencia de cambio.

Incluso cuando era niño Arturo ansiaba emprender su primera búsqueda, y albergaba grandes esperanzas de que Merlín le proporcionase un caballo y un mapa. Pero Merlín dijo:

–Los mapas no sirven para nada en el lugar adonde vas, porque el territorio que hay delante se desplaza constantemente. Sería como querer trazar el mapa del agua que fluye.

Una vez aceptas que eres el flujo de la vida y nada menos, la búsqueda de la perfección se convierte en una búsqueda más allá de lo infinito. Las cosas que son perfectas dentro de ti son la esencia, el ser y el amor. No es posible limitarlas en el tiempo y el espacio. Cuando cruzas la habitación, ¿tú amor a la familia la cruza también? Cuando te mojas en la bañera, ¿se moja tu esencia? Es posible trazar mapas de los límites, y del aspecto visible de un ser humano puede hacerse un gráfico que muestre huesos, músculos, tejidos y células. También puede hacerse un mapa que presente el cerebro como una serie de caminos para la interacción incesante de diez mil billones de neuronas. Sin embargo, en ambos casos el mapa no es el territorio. La esencia, el ser y el amor que constituyen un ser humano tienen una vida propia que empieza y termina con la misma conciencia invisible.

–Puedo verte como una nube de energías –dijo Merlín a Arturo–. Y tú puedes verme a mí de la misma manera, pero ni siquiera estas energías son el verdadero tú. Son simplemente más materia, sólo que en un nivel más etéreo.

–¿Qué clases de energías? –preguntó el muchacho.

–Llamémoslas «luz» y «sombra» que juegan alrededor de tu forma mientras piensas y sientes. La luz es diferente cuando te sientes feliz o triste, inspirado o cansado, excitado o aburrido. Algunos mortales pasan por este mundo bajo la forma de luces brillantes; otros, bajo la de sombras melancólicas. Pero por brillante que pueda ser la luz, no es tan real como el silencio puro que hay dentro de ti.

–¿Por qué no me veo a mí mismo de la manera que me ves tú? –preguntó Arturo.

–Porque estas energías hacen las veces de mantos. Algunas son tupidas, algunas son ligeras y no hay dos personas que se compongan de capas exactamente iguales. Aun así, todos parecéis nubes que andan. Hasta que quites las capas que hay alrededor de tu alma, nunca realizarás el núcleo claro, intemporal, que hay en el centro de ti.

En la tradición de la alquimia, los cuatro elementos –tierra, aire, agua y fuego– se combinaron de forma misteriosa para llegar a un mágico producto final llamado «vida». Es innegable que estás hecho de tierra, aire y agua que se han redistribuido a partir de alguna forma anterior, como, por ejemplo, los alimentos. El fuego que hace que estos materiales exánimes cobren vida no puede destilarse, sin embargo, porque no es un fuego visible, ni siquiera un calor metabólico. Es el fuego de la transformación, pura y simple. Así pues, tú eres la transformación, el transformador y lo transformado. Eres tu propio alquimista y constantemente transmutas moléculas apagadas, sin vida, en la encarnación viva de ti mismo. Éste es el acto más creativo y más mágico que jamás emprenderás.

Las maravillas de esta alquimia no tienen límite. En cualquier momento dado puedes estar leyendo un libro, digiriendo una comida, elaborando proteínas y enzimas, almacenando información bajo la forma de memoria, creciendo, respirando, notando su entorno, curando una herida, sustituyendo células muertas, ahuyentando virus, así como un número incontable de otras actividades. Todas estas transformaciones pasan en gran parte desapercibidas. El alquimista es invisible, trabaja entre bastidores y a pocos de nosotros se nos ocurre alguna vez averiguar quién es. Su hogar no está en el tiempo y el espacio, sino en lo intemporal, más allá de la memoria.

Siéntate un momento e imagínate que puedes ver tu vida como si fuera un rollo de papel que se despliega mientras examinas acontecimientos que se remontan más y más en el pasado. Empieza a desplegar este rollo hasta que veas una escena que te resulte conocida, como puede ser el día en que obtuviste tu empleo actual. Ve esta escena claramente y luego remóntate un poquito más en el pasado, hasta tus días en la universidad, por ejemplo, y continúa desplegando el rollo y pasando por la escuela de enseñanza secundaria, la escuela primaria, el jardín de infancia. Ve tan claramente como puedas las escenas de cuando eras un niño pequeño, un niño que daba los primeros pasos y un bebé recién nacido. No importa si no aparecen imágenes vivas; bastará que sientas cómo era ser tú mismo cuando tenías aquellas edades.

Ahora retrocede hasta el día en que naciste –esto será imaginación pura–, luego contémplate a ti mismo como feto, después como una colección de células transparentes que forman una bola. Observa cómo la bola se encoge hasta que eres dos células, luego una. Finalmente, cruza al otro lado e imagínate a ti mismo antes de eso, sin ni siquiera una célula única a la que pegarte.

Al cruzar este umbral, fíjate en que tu identidad no desaparece. Incluso sin ninguna imagen que puedas mirar y sin ningún cuerpo, sigues siendo lo que realmente eres: una conciencia vidente que es siempre la misma, aun cuando el escenario de tu vida cambie de forma constante. Ésta es tu identidad como conciencia, un alquimista animado y sabio que se encuentra despegado, detrás del constante espectáculo de transformación.

Ahora trata de imaginar la desaparición de esta conciencia. Dicho de otro modo, imagina un momento anterior a tu existencia. No es posible, toda vez que el alquimista no se halla limitado al reino del tiempo, donde todos los acontecimientos tienen un principio y un fin. De modo parecido, puedes avanzar hacia el futuro y tratar de imaginarte a ti mismo muerto y desaparecido por completo. Tampoco esto puede hacerse. Cuando llegas al final de la memoria, del sentimiento, de la emoción, de la imaginación y de las ideas, lo que queda todavía eres tú mismo en forma pura como impulso de vida, fluyendo eternamente entre el espejismo de la creación. Ese fluir tiene lugar como transformación constante y la alquimia de la existencia se extiende hacia todos los mundos y más allá de ellos.

Lección 12

La sabiduría está viva y, por tanto, es siempre impredecible.

El orden es otra faz del caos,
el caos es otra faz del orden.

La incertidumbre que sientes en tu interior es la entrada a la sabiduría.

La inseguridad estará siempre con el que busca,
que continúa tropezando, pero nunca se cae.

El orden humano está hecho de reglas. El orden del mago no tiene ninguna regla... fluye con la naturaleza de la vida.

Pequeños detalles de la naturaleza atraían con frecuencia la mirada de Merlín, que podía ver lecciones en ellos. Un día en que él y Arturo estaban paseando por el bosque oyeron que un arrendajo les estaba regañando desde un pino cercano.

–Párate y mira –dijo Merlín en voz baja.

El arrendajo era un pájaro nervioso, errático. Después de parlotear a los dos intrusos, voló hasta otra rama para ver mejor; luego, al cabo de unos segundos, se cansó de aquella rama y voló hasta una tercera. Acto seguido pareció olvidarse de que estaban allí y saltó al suelo con la intención de investigar una piña. A los pocos segundos se puso a chapotear en un pequeño estanque, persiguió a un reyezuelo gris y empezó a picotear un trozo de corteza podrida.

–¿Qué te parece eso como forma de vida? –preguntó Merlín.

–Muy poco –repuso Arturo–. Se comporta como una bola de plumas sin cerebro y sin la menor idea de lo que ha de hacer a continuación.

–Así parece siempre que un ser vive solamente confiando en

Dios –dijo Merlín–. Pasa sus días siguiendo un impulso irreflexivo tras otro, sin dedicar ningún pensamiento al futuro, y, pese a ello, tendrás que reconocer que le va bastante bien.

ENTENDER LA LECCIÓN

La naturaleza de la vida es contener tanto caos como orden. Del desorden surgen configuraciones que vuelven a fundirse en él. Tu cuerpo es totalmente caótico en ciertos niveles: átomos girantes de oxígeno entran en tu torrente circulatorio cada vez que respiras, abundantes enzimas y proteínas llenan cada célula, incluso la descarga de neuronas en tu cerebro es una tormenta eléctrica que nunca cesa. Sin embargo, este caos no es más que una faz del orden, porque no cabe duda de que nuestras células son obras maestras de función organizada, de que tu actividad cerebral produce pensamientos coherentes.

En efecto, el caos y el orden existen tan cerca el uno del otro, que realmente es imposible separarlos.

–Primero tienes que ser caos antes de que puedas ser una estrella que baila –dijo Merlín.

Y eso es literalmente cierto, porque los gases primordiales que giraban y formaron el universo tuvieron que preceder al nacimiento de las galaxias. Al principio estos gases no mostraban ninguna configuración en absoluto, sólo una ligerísima tendencia a atraerse los unos a los otros. Sin embargo, a partir de aquella leve insinuación de atracción gravitacional se puso en movimiento una cadena de acontecimientos que acabaron llevando al comienzo del ADN humano, molécula tan compleja, que alterar cualquiera de sus tres mil millones de unidades genéticas podría representar la diferencia entre la vida y la muerte.

En una escala personal, todo el mundo lucha con el orden y el desorden. Las cosas tienden a deshacerse; lo que es fresco y maduro acaba pudriéndose; lo que es joven se vuelve viejo y muere.

–La muerte es una ilusión –dijo Merlín–, pero la lucha que libran los mortales ante la muerte es muy real. Ningún mortal sabe realmente qué es la muerte, pero el acontecimiento que nos amenaza infunde tanto miedo, que los mortales luchan contra él con todas sus fuerzas, sin percatarse del desorden y el caos tremendo que fomentan con ello.

El mago sabe que la vida siempre se ha organizado desde dentro. Los mismos tirones leves de la gravedad que crearon estrellas que bailan a partir del caos existen en todos los niveles de la naturaleza. Una rosa puede estar completamente segura de que crecerá y se convertirá en una rosa, aun cuando como semilla pueda no parecer diferente de una alubia o una violeta, y cabe que bajo su forma de semilla su única pretensión de singularidad radique en minúsculas torsiones de sus dos ramales de ADN. A los seres humanos, sin embargo, nos preocupa mucho resultar bien, de modo que dedicamos incontables horas de esfuerzo y lucha a tratar de hacer valer nuestra propia singularidad.

–¿Qué importa si los pájaros viven sin pensar, o si una rosa es siempre una rosa? –preguntó Arturo–. No tienen mente, por lo que no tienen más opción que ser lo que son.

–Cierto, vosotros los mortales tenéis libre albedrío, pero tenéis una opinión demasiado elevada de él –contestó Merlín–. Yo vivo sin opciones y encuentro que la vida es mucho más feliz.

–¿Sin opciones? Pero si tomas las mismas decisiones que yo –protestó Arturo.

Merlín se encogió de hombros.

–Te dejas engañar por las apariencias. Mírate la mano. No cabe ninguna duda de que te pertenece, pero, a pesar de ello, tú no eliges la manera en que crecen sus células; no tienes ninguna idea de lo que hace que se muevan sus nervios y sus músculos; tú no haces conscientemente que crezcan las uñas o se cure un corte que te hayas hecho en la mano, ¿verdad?

–Verdad, no tengo que hacer ninguna de estas cosas.

–Ya no son opciones para ti, por decirlo de otro modo –prosiguió Merlín–. Estas funciones se han traspasado a un lado involuntario de tu cerebro, que se encarga automáticamente de ellas. De la misma manera todas las cosas a las que dedicas tanto tiempo, tales como pensar, decidir, sentir, escoger, juzgar, las he traspasado al lado automático de mi cerebro. Lo cual es otra forma de decir que las entrego a Dios.

–Entonces, ¿para qué usas tu mente consciente? –preguntó Arturo.

–Para apreciar este mundo y el milagro de la vida. Soy testigo de todo lo que es, y, como espectáculo, puedo asegurártelo, nada hay más sorprendente, hermoso o satisfactorio.

Vivir con la lección

La vida moderna está tan llena de presiones que nos empujan a un lado y a otro, que la mayoría de nosotros reaccionamos tratando de imponer orden a ella. Nuestra sociedad de fuerzas caóticas es, por ende, una sociedad de leyes y reglas interminables. Esto no es extraño, ya que los seres humanos medran en el orden y se asustan ante el desorden. El desorden es impredecible y escapa a nuestro control, por lo que nos somete a una gran tensión. Piensa en un momento en que el desorden y la incertidumbre aparecieron súbitamente en tu vida: al escapársete un avión, al averiarse tu coche en la carretera, al oír que una persona querida se había quedado sin empleo.

En casi todos los casos estos acontecimientos se resuelven por sí solos; tu existencia no sufre verdadero daño, sólo alguna incomodidad de poca importancia. Sin embargo, es probable que tu sistema nervioso reaccionara con mucha fuerza y expresase miedo y malestar al fracasar tus planes. La respuesta del ego al caos consiste en luchar contra él e imponer todavía más control. Probablemente, la siguiente vez que tuviste que viajar en avión comprobaste más de una vez la hora de salida y llegaste al aeropuerto con tiempo más que suficiente. La siguiente vez que hiciste un viaje en coche tomaste precauciones para que no volviera a producirse la misma avería.

El problema está en que todos estos esfuerzos, preocupaciones y planes y controles son contrarios a la dirección natural que sigue la vida. La vida comprime el caos y el orden y con los dos hace una sola cosa. No puedes tener el uno sin el otro. Si quieres estar en el flujo de la vida, no puedes luchar contra él al mismo tiempo. Por tanto, el que busca la perfección acepta el hecho de que siempre va a vivir en la incertidumbre, que siempre se sentirá falto de equilibrio.

–El papel del discípulo –dijo Merlín– es siempre tropezar, pero no caerse jamás.

A pesar de que tu ego odia la incertidumbre, la verdad es que te has beneficiado de ella una y otra vez. Piensa durante un momento en las oportunidades inesperadas que se te han presentado, los ofrecimientos de ayuda que nunca habías previsto, las ideas e inspiraciones repentinas, las decisiones impulsivas que te hicieron actuar o hablar con un desconocido y te abrieron horizontes nuevos. Ésta es la forma natural de vivir.

–Tu vida ya está organizada dentro de ella misma –dijo Merlín–. La vida fluye de la vida, el capullo se despliega y convierte en flor, el niño madura y se transforma en adulto. Confía en cada etapa, celébrala y permite que la siguiente llegue a ti sin esfuerzo.

Hay un ejercicio sencillo que te mostrará lo verdaderamente maravilloso que es llevar una vida impredecible. Siéntate durante un momento e imagina que puedes ver tu vida como si fuera un vídeo que pasa por tu mente. Empieza el vídeo con los acontecimientos de hoy y déjalos avanzar del modo que desees que sea mañana, luego el día siguiente y el otro. Imagínate a ti mismo haciéndote viejo: ve el futuro que querrías si pudieras tener cualquier cosa que deseases. Deja que tu fantasía vague a su antojo y acabe con tu propia muerte. Haz que sea una muerte deseable, sin dolor y plácida.

Una vez hayas hecho todo esto, vuelve hacia atrás y ve *un vídeo totalmente distinto*. Empieza con los acontecimientos de hoy, sólo haz que resulten diferentes. Se trata sólo de hacer funcionar la imaginación, de modo que puedes darte a ti mismo una vida frenética, catastrófica, o una vida dramática, o santa. Lleva el vídeo hasta la escena de tu muerte. Ahora retrocede y empieza otra vez desde el principio. Lo importante del ejercicio es que todo lo que has imaginado es cierto: tu futuro consiste, no en una sola de estas hipótesis, sino en todas las posibles. Se extienden desde el momento presente como hilos invisibles de potencial. La vida de todo el mundo es así; sólo nuestra falsa sensación de control nos hace creer que podemos imponer orden a lo que en realidad es totalmente impredecible.

El ego debe examinar sus temores y dejar de tratar de controlar. Ésa es una parte importante de la búsqueda que has emprendido. Si puedes aceptar el flujo de la vida y rendirte ante él, estarás aceptando lo que es real. Sólo cuando aceptes lo que es real podrás vivir con ello en paz y felicidad. La opción es una lucha que nunca terminará porque es una lucha con lo irreal, con un espejismo de vida en vez de con la vida misma.

Lección 13

La realidad que experimentas es una imagen reflejada de tus expectativas.

Si proyectas la misma imagen todos los días, tu realidad será la misma todos los días.

Cuando la atención es perfecta, crea orden y claridad a partir del caos y la confusión.

Después de convertirse en rey, Arturo compartió sus experiencias en la cueva de cristal con sólo una persona, su esposa, Guinevere. Pasaron años antes de que Merlín reapareciese, y Guinevere pensaba en él más o menos de la misma manera en que pensaría en un unicornio o en algún otro animal mítico.

–De todos modos –dijo una vez a Arturo–, si es tan fiero como agrestes son las oscuras montañas galesas donde dicen que nació, me pondría a temblar cuando le viese.

–No es así –repuso Arturo–. No se parece a nada que pudierais esperar o prever.

–Mi señor, he conocido a magos en la corte francesa, u hombres que pasaban por serlo –dijo Guinevere–. ¿No son sencillamente ancianos de larga y blanca barba que se comportan con mucha sabiduría y menean la cabeza como si vieran cosas que nosotros no podemos ver, y afirman poseer poderes que nadie jamás llega a ver del todo?

Arturo sonrió.

–He encontrado magos así, pero Merlín no era uno de ellos. Una vez le dije: «¿En qué somos diferentes tú y yo? A mi modo de ver, somos sólo dos personas echadas junto a un arroyo a los pies de un árbol esperando pescar un pez para la cena». Me miró y meneó la cabeza. «Es verdad que somos sencillamente dos personas echadas aquí como tú dices, mas para ti este escenario es toda tu realidad, mientras que el arroyo, el árbol y todo lo que nos rodea son una mota pequeñísima en el horizonte más lejano de mi conciencia.»

Guinevere preguntó:

–Si realmente vivía en semejante mundo distinto del nuestro, ¿os dijo alguna vez Merlín cómo se llegaba a él?

–Sí –respondió Arturo–. Insistió en que mi versión de la realidad, esto es, del árbol, el arroyo, el bosque, etcétera, era completamente ilusoria, una alucinación privada que mi mente me impuso, mientras que su mundo estaba abierto a todos, pues es enteramente un mundo de luz.

Guinevere quedó perpleja.

–Pero tanto vos como yo vemos este aposento que nos rodea, como lo ven también todas las demás personas que conocemos. No me parece que eso sea sólo una ilusión.

–Entonces, permitidme que os muestre algo –dijo Arturo.

Pidió a la reina que saliera de la cámara y prometiese no volver hasta que el reloj diera la medianoche. Así lo hizo Guinevere y, al volver, se encontró con el aposento sumido en una oscuridad absoluta, todas las bujías extinguidas y las cortinas de terciopelo echadas.

–No os preocupéis –dijo una voz–. Estoy aquí.

–Mi señor, ¿qué queréis que haga? –preguntó Guinevere.

Arturo contestó:

–Quiero averiguar hasta qué punto conocéis bien este aposento. Caminad hacia mí y describid los objetos que hay a vuestro alrededor, mas no toquéis nada.

Su esposa pensó que era una prueba muy rara, pero hizo lo que Arturo le ordenaba.

–Eso es nuestro lecho y allí está el cofre de roble con la dote que traje desde la otra orilla del mar. Un alto candelabro de hierro forjado español se alza en aquel rincón, y dos tapices cuelgan a ambos lados.

Caminando con cautela para no tropezar con nada, Guinevere consiguió describir todos los detalles de la estancia, que, a decir verdad, ella misma había amueblado y decorado, hasta la última almohada.

–Mirad ahora –dijo Arturo, y encendió una vela, luego otra y después una tercera.

Guinevere miró a su alrededor y quedó atónita al ver que el aposento se encontraba totalmente vacío.

–No lo entiendo –musitó.

–Todo lo que habéis descrito era una expectativa de lo que este aposento contiene y no de lo que realmente había en él. Pero la expectativa es potente. Incluso sin luz visteis lo que esperabais y reaccionasteis de acuerdo con ello. ¿No habéis tenido la impresión de que el aposento era el mismo? ¿No habéis andado con tiento donde temíais tropezar con algo? –Guinevere asintió con la cabeza–. Incluso bajo la luz del día –prosiguió Arturo– caminamos de un lado para otro de acuerdo con lo que esperamos ver, oír y tocar. Toda experiencia se basa en la continuidad, a la cual nutrimos recordándolo todo tal como era el día anterior, la hora anterior o el segundo anterior. Merlín me dijo que si yo era capaz de ver totalmente sin expectativas, nada de lo que diera por sentado sería real. El mundo que ve el mago es el mundo real, después de que se encienda la luz. El nuestro es un mundo de sombras por el que nos movemos a tientas en la oscuridad.

Entender la lección

El mago se ha liberado por completo de lo conocido. Para él la única libertad radica en lo desconocido, pues lo que sea conocido forma parte del pasado y está muerto.

–¿Sabes por qué siempre digo que tu mundo es una prisión? –preguntó Merlín–. Porque lo que la mente pueda concebir tiene que estar limitado. En cuanto pones palabras alrededor de una experiencia o la encierras en el pensamiento o dices «Lo sé», algo maravilloso e invisible se va volando. Los límites son jaulas; la realidad es un pájaro delicado que tiembla en tu mano. Si lo retienes demasiado tiempo, morirá.

Si es cierto que lo desconocido es tu billete para llegar a la libertad, también es cierto que el ego se siente más cómodo con límites. Nuestra mente genera las mismas imágenes día tras día. Estas imágenes son un espejo de quién eres, pero el ego las toma como reales. «¿No es obvio que un árbol es un árbol; una pared, una pared; una montaña, una montaña?», pregunta el ego. Pero estas cosas son sólo reales en un estado de la conciencia: el estado de vigilia. En un sueño podrías estar sentado en un campo y contemplar las nubes que pasan por encima de una montaña. Al despertar, te darías cuenta de que la montaña, las nubes y el campo no fueron más que descargas fortuitas de células cerebrales que dieron origen a imágenes fugaces. No hay ninguna prueba de que estar despierto sea diferente de algún modo. Las montañas y los campos y las nubes «reales» no tienen ninguna realidad verificable fuera de las imágenes que se encienden en tu cerebro.

Arturo se escandalizó cuando Merlín desechó el mundo visible diciendo que era una ilusión.

–Pero sí puedo tocar las cosas que me rodean y las encuentro duras. Si me doy de cabeza contra una roca, me sale un chichón –protestó.

–Las imágenes no son sólo visibles –le recordó Merlín–. También en sueños puedes tocar cosas, y experimentar toda la variedad de sensaciones.

–Entonces, ¿por qué distingo entre estar despierto y soñar? ¿Por qué todo el mundo llama a una cosa «realidad» y a la otra, «ilusión»?

–Por hábito. Si los mortales tomaran este conocimiento de los magos, aprenderían a hacer despiertos todo lo que ahora hacen en sueños. Entonces los límites empezarían a fundirse, y la realidad te llamaría para que salieses de tu prisión de sombra.

Todos experimentamos lo nuevo y desconocido, pero pocos de nosotros vemos lo desconocido como una fuerza que nos llama. Lo desconocido contiene las pistas de otra realidad. ¿Cuáles son estas pistas? Cambian a cada momento, pero si miras atentamente cualquier imagen que el mundo te presente, una parte mayor de tu propio yo responderá a tu mirada con la suya. El carácter aparentemente fortuito de los acontecimientos empezará a adquirir forma y sentido, como si parte de ti mismo estuviera diciendo: «Estoy aquí. ¿Puedes encontrarme?». Encuentros casuales, coincidencias inesperadas, premoniciones que se hacen realidad, la súbita realización de deseos, destellos de gozo impredecible, una sensación de conocimiento profundo, el albor de la confianza... todas esas cosas son formas que la realidad puede tomar al incitarnos a salir de las prisiones que nosotros mismos hemos construido. No estamos obligados a escuchar a este susurro que nos llama. La decisión es totalmente personal. En lo más hondo de tu corazón debes decidir entre lo conocido, que está pasado pero te es familiar, y lo desconocido, que es fresco, un campo de posibilidades infinitas.

Vivir con la lección

Vivir con esta lección significa ir más allá de la frontera de lo conocido. Si pudieras olvidarlo todo y no pudieses prever nada, te encontrarías automáticamente atravesando los límites que protegen de la percepción de una realidad superior. Esa realidad superior está engranada en la realidad conocida que ves y en la que te mueves todos los días; no hay ninguna distancia que separe la una de la otra. Pese a ello, bien podrían encontrarse separadas por millones de kilómetros.

Junto con el hábito y la inercia, el miedo tiene mucho que ver con mantener la realidad igual que siempre ha sido. Prueba una versión del ejercicio que hizo Guinevere. Colócate en medio de una habitación conocida y completamente oscura una noche. Ahora atraviésala y acércate tanto como puedas a los objetos que hay en la habitación sin tropezar con ellos. Observarás que es muy difícil cruzar incluso la habitación que más conozcas sin sentir aprensión.

La mayoría de nosotros tememos profundamente la ceguera debido a la incertidumbre que traería consigo; los latidos del corazón se aceleran al pensar en caernos o derribar cosas sin querer.

No obstante, ¿qué es lo que en realidad estás probando excepto que lo conocido no puede protegerte del miedo? Pese a que conoces bien tu habitación, la aprensión sigue estando presente, y lo mismo ocurre con el mundo diurno, sólo que en éste el miedo está enterrado a una profundidad un poco mayor. En vez de bastarnos la oscuridad para sentir miedo, necesitamos algo más: un accidente, una interrupción de la costumbre, la súbita pérdida de seguridad. Por más que pienses que estás cómodo en el mundo de las cosas conocidas, el potencial de desastre nunca se halla lejos de tu subconsciente.

Puedes hacerte una idea de lo desconocido con otro experimento sencillo. Véndate los ojos y siéntate en tu cocina. Ahora pídele a un amigo que ponga tres cosas de comer delante de ti sin decirte qué son. Pruébalas haciendo que tu amigo te introduzca una cucharada o una porción en la boca. Reconocerás rápidamente cada una de las tres cosas, pero también deberías fijarte en que, en la fracción de segundo de incertidumbre que precede al reconocimiento, notarás un sabor nuevo –una textura inesperada, un matiz de sabor, un leve aroma– que se te había olvidado.

Esto es el poder de la incertidumbre. Mientras estés seguro de las cosas, estarás viviendo dentro de unos límites. Sin embargo, las cosas de las que crees que estás tan seguro en realidad tienen cualidades nuevas.

–Dios hizo este mundo –dijo Merlín–. De modo que debe de ser lo bastante interesante como para retener su atención. Si te encuentras con que las cosas se vuelven trilladas, viejas o predecibles, quizá seas tú el que ha perdido la capacidad de interesarse.

Abrir el camino a la incertidumbre es algo que al ego le cuesta aceptar, pero es la única vía para entrar en el mundo del mago.

Lección 14

Los magos no lloran las pérdidas, ya que lo único que puede perderse es lo irreal.

Piérdelo todo, y lo real permanecerá.

En los escombros de la devastación y el desastre están enterrados tesoros ocultos.

Cuando mires en las cenizas, mira bien.

Al igual que todos los niños, Arturo acabó fijándose en la muerte. Tenía cuatro o cinco años cuando Merlín le encontró agazapado en el bosque contemplando un montoncito de plumas grises, los restos de lo que antes fue un gorrión.

–¿Qué le ha pasado? –preguntó el chico.

–Eso depende –repuso Merlín.

–¿De qué?

–De como lo mires. La mayoría de los mortales dirán que es un pájaro muerto. Al decir «muerto», quieren decir que su vida ha sido destruida. Sin embargo, los mortales más sabios profundizan más. Ven que la muerte es sencillamente un reordenamiento. La materia de que estaba hecha el pájaro está retornando a la tierra para mezclarse con los elementos que hicieron que naciese.

El chico reflexionó durante un momento.

–¿Por qué siento miedo al ver esto?

–La memoria. Lo sepas o no, te has formado ideas sobre la muerte desde la infancia, y al desplegarse estas ideas, te acuerdas del miedo y el dolor que acompañaban a aquellos recuerdos.

El chico era demasiado joven para entender todo lo que Merlín decía y, al igual que la mayoría de los niños, dejó de hacer las preguntas realmente profundas. Se dio por satisfecho con las explicaciones de Merlín hasta años más tarde, cuando comprendió que la muerte podía ocurrirle a él mismo y no sólo a los animales.

–Pienso –dijo Arturo cuando tenía doce años– que probablemente temeré cada vez más a la muerte.

Merlín dijo que sí con la cabeza.

–A medida que experimentes más el mundo, tus recuerdos volverán con fuerza creciente. Pero hay algo más. Los mortales temen a la muerte porque temen perder sus posesiones. Si ves un animal muerto, no puedes decir qué parte de él ha muerto. Después de exhalar el último suspiro, el cuerpo pesa lo mismo; las células son las mismas. Sólo el aliento falta, y lo que haya más allá del aliento.

»Pero los mortales tienen casas y dentro de las casas hay cosas. Tienen familia y experiencias gratas. Sienten un miedo terrible a perder estas cosas. Pero te diré un secreto. Nada muere en el momento de la muerte. La muerte es un principio y no un final. Cuando los mortales la temen, lo único que hacen es aferrarse a sus recuerdos. Nadie sabe realmente cómo es la muerte. Adopta el punto de vista del mago y recibe con alegría todas las pérdidas, incluso la pérdida última que es la muerte.

–Lo intentaré –dijo Arturo sin mucha convicción–, pero tienes razón. Hay montones de cosas que no quiero perder.

–Sencillamente afloja un poco la mano, entonces, y recuerda que aquello a lo que te aferres ya está muerto, porque forma parte del pasado. Muere ante cada momento y descubrirás la puerta que da acceso a la vida eterna.

Entender la lección

En un mundo de cambios tiene que haber ganancias y pérdidas. El ego juzga que las ganancias son buenas y las pérdidas, malas, pero la naturaleza no hace esas distinciones. Mientras haya creación, tiene que haber destrucción.

–A los mortales os gustaría abolir la muerte –dijo Merlín– sin pensar en que el mundo se llenaría de gente, animales y plantas. El bosque no tardaría en asfixiarse bajo su propia fuerza vital, los mares sufrirían angustia a causa de los seres que en ellos lucharían por el espacio y el aire, y la delicada belleza del equilibrio de la naturaleza dejaría de existir.

El ciclo de nacimiento y muerte se convierte en una cuestión de miedo y lucha sólo cuando se vuelve personal. Después de luchar durante toda la vida para impedir las pérdidas, el ego ve la muerte como la derrota última. Para la mayoría de las personas el miedo a la muerte es demasiado opresivo para afrontarlo; es un asunto que se relega al subconsciente y se niega en la vida cotidiana. O la negación se intelectualiza y entonces se hace de la muerte un misterio metafísico sobre el que se medita desde una prudente distancia emocional.

Los magos dicen que la muerte es incognoscible por una razón diferente, porque la experiencia normal, y con ella nuestro modo normal de conocer, se detiene en el momento de la muerte. La experiencia normal está orientada a lo que podemos ver, oír, tocar, oler y gustar. A esto se suman el pensamiento y la emoción. Morir significa soltar los sentidos, dejar atrás el mundo material y pasar a una nueva clase de percepción.

–Si tú supieras –dijo Merlín–. Ya estoy muerto.

–Eso no parece posible –replicó Arturo–. Para mí estar vivo significa comer, beber, dormir y tener experiencias. ¿Acaso no estás haciendo estas cosas constantemente, ni más ni menos igual que yo?

Merlín dijo que no con la cabeza.

–¿Por qué piensas que la vida y la muerte no pueden coexistir? Al mismo tiempo que estoy haciendo todas estas cosas que mencionas, me encuentro también en un estado de conocimiento, soy consciente de mí mismo simplemente como mí mismo, sin nacer jamás, sin dejar de existir jamás. El descubrimiento de semejante estado es lo que la muerte te permite hacer. Si tienes la suerte de descubrirlo antes, es decir, antes de separarte del cuerpo, tanto mejor.

–Eres muy afortunado al no tener que temer a la muerte –comentó Arturo.

–Cierto, pero es que tomé una decisión que la mayoría de los mortales evitaríais tomar. Decidí perseguir a la muerte y tomarla entre mis brazos como a una amante, mientras que tú siempre estás huyendo a todo correr de ella, como si fuera un demonio. La muerte es muy sensible, y si la tratas como a un demonio, se mantendrá apartada y se guardará sus secretos para sí. En verdad, todo lo que temes de la muerte es una proyección de tu propia ignorancia. Simplemente temes a lo que desconoces por completo.

Vivir con la lección

La muerte es un acontecimiento último, pero antes de que ocurra se sufren muchas pérdidas de menor importancia durante nuestra andadura. Si dedicas un momento a pensar en ella, puedes ver fácilmente la pauta de ganancias y pérdidas que se observa durante toda tu vida. Mientras están ocurriendo, las pérdidas parecen dolorosas y el ego reacciona inevitablemente a la pérdida queriendo aferrarse a lo que está a punto de perder. Sin embargo, pasar de la infancia a la adolescencia significa una pérdida desde una perspectiva y una ganancia desde otra; casarse representa perder la vida en solitario y ganar una pareja. Las ganancias y las pérdidas son dos caras de lo mismo. La única cosa de la vida que trae consigo una ganancia absoluta es la adquisición de conciencia, que es el objetivo de la búsqueda.

–¿Alguna vez se te ha ocurrido pensar que no puedes perder nada –preguntó Merlín– porque, para empezar, nunca lo tuviste? Lo único que realmente has tenido alguna vez eres tú mismo. Este yo puede pasar algún tiempo en una casa o un empleo, puede pasar tiempo en presencia de ciertas cosas o con cierta cantidad de dinero, pero con el tiempo todo eso cambiará. Entonces todo lo que tendrás es un recuerdo, una imagen, un concepto. Estas cosas no son reales; son invenciones de la mente. Los pensamientos son como los huéspedes de un hotel: se inscriben y se marchan mientras que tú sigues allí. Considera los objetos y las posesiones de la misma manera. Vienen y se van. Lo que queda eres tú mismo.

La vida está llena de adversidades, pequeñas o grandes. El ego ha echado sobre sí la carga de proteger tu vida. Te defiende de pérdidas y desastres y rechaza el concepto de la muerte durante tanto tiempo como le es posible. Pero el mago acoge con los brazos abiertos cualquier adversidad, cualquier pérdida, por la siguiente razón, que tú puedes aplicar a tu propia vida: todo lo que hay en la creación está hecho de energía. Después de ser creada, cualquier forma de energía dada debe mantenerse durante cierto tiempo. Después de un período de estabilidad, la fuerza de vida quiere hacer que algo nuevo salga a escena. A tal efecto, las pautas viejas, gastadas, deben disolverse.

Esta disolución todavía tiene lugar en nombre de la vida, pues nada más que vida hay a nuestro alrededor. Sin embargo, el ego se une a ciertas formas de energía que no quiere ver disueltas. Una gran cantidad de dinero, una casa, una relación, un gobierno... a su manera, cada una de estas cosas es una forma de energía que tratamos de proteger del flujo del tiempo. La gente lucha a muerte, como suele decirse, lo cual significa que defenderá algo hasta que la disolución sea la única salida.

En verdad, semejantes luchas no son necesarias. No puedes luchar para hacer que una rosa florezca. No puedes luchar para que un embrión evolucione hasta convertirse en un bebé: son cosas que sencillamente suceden, siguiendo sus ritmos propios. Tu ego acepta fácilmente este hecho relativo a las rosas y los bebés, pero no cuando se refiere al dinero, la casa, las relaciones y otras cosas a las que cobra apego. Mas el mago considera que las mismas leyes universales gobiernan la totalidad de la vida. Después de todo, el ego no luchó por ponerte en este mundo.

La lucha del ego es una forma de oposición a la vida, porque pretende imponer *vida artificial.*

–La naturaleza quita cosas por sus propias razones y en el momento que ella juzga más oportuno –dijo Merlín–. Si quieres flores cuando no es la temporada, puedes bordar flores que durarán eternamente, pero ¿quién podría pretender que realmente estaban vivas?

De modo parecido, siempre que sientes la necesidad de controlar y luchar, de impedir que las personas, el dinero o las cosas se alejen de ti, te estás oponiendo a la fuerza universal que lo mantiene todo en equilibrio.

–Tendrás que adquirir confianza antes de que puedas renunciar a tu control. Tu condicionamiento conduce a la desconfianza, porque los mortales queréis desesperadamente creer que sois inmunes a los ciclos de la naturaleza –dijo Merlín con cierto regocijo–. Mientras vuestro cuerpo nace, envejece y muere, tejéis fantasías en las que dejáis detrás de vosotros edificios y estatuas inmortales, reputaciones y arcas repletas de riqueza. Haz lo que quieras, pero si deseas librarte del dolor y la muerte, primero debes deshacerte de esta creencia errónea de que estás más allá de la naturaleza.

Cuando puedas empezar a ver las semillas de la oportunidad en las cenizas del desastre, entonces es que la confianza está empezando a crecer. Esta confianza llega en etapas. En primer lugar, empieza por ver que los juicios del ego sobre la pérdida son falsos.

–El dolor no es la verdad –dijo Merlín–. Es lo que los mortales experimentan para encontrar la verdad.

En segundo lugar, busca la otra faz del desastre o la pérdida, la minúscula semilla de lo nuevo que quiere nacer.

–Cuando mires en las cenizas –aconsejó Merlín–, mira bien.

En tercer lugar, sustituye la culpa y las quejas por el conocimiento sereno y seguro de que estás protegido en el plan de la naturaleza: lo que hayas perdido es temporal e irreal. Tenía que desaparecer, no porque la naturaleza sea cruel e indiferente, sino porque cada paso que das hacia lo real es precioso. Bajo esta luz empezarás a ver que las pérdidas y las ganancias son sólo una máscara. Debajo de ella está la luz constante de lo eterno, que brilla a través de todo y teje unidad a partir del caos.

Lección 15

En la medida en que conoces el amor, te conviertes en amor.

El amor es más que una emoción. Es una fuerza de la naturaleza y, por tanto, tiene que contener verdad.

Cuando pronuncias la palabra «amor», puedes captar el sentimiento, pero la esencia no puede expresarse con palabras.

El amor más puro se encuentra donde menos se espera... en el desapego.

El más puro entre los caballeros que servían a Arturo era Galahad, pero, a pesar de ello, compartía con el rey el haber nacido fuera del matrimonio. No había ningún estigma en el hecho de que Galahad fuera hijo natural de Lancelot y, a pesar de ello, cuando llegó el día en que Galahad quiso ser paladín de una dama de la corte, Arturo meneó la cabeza y frunció el entrecejo.

–No quisiera que fueseis el paladín de ninguna dama noble –declaró Arturo.

Galahad se puso muy colorado y con voz entrecortada dijo:

–Pero, mi señor, todo caballero debe servir a alguna dama impulsado por la pureza de su amor.

–¿Qué sabéis vos del amor? –preguntó Arturo, en un tono tan directo que Galahad se puso todavía más colorado–. Si tanto ansiáis ser el paladín de una dama, os daré tres para que escojáis una. –El rey mandó llamar inmediatamente a Margaret, vieja fregona de cabellos grises y verrugas en la nariz–. ¿La serviríais a ella impulsado por el amor, buen caballero? –preguntó Arturo.

Galahad puso cara de perplejidad.

–No lo entiendo, mi señor –musitó.

Arturo le dirigió una mirada penetrante y ordenó a la vieja que se fuera.

–Traed otra –ordenó. Esta vez trajeron una niña recién nacida–. Si Margaret os ha parecido demasiado vieja y fea para servirla, ¿qué me decís de esta dama? Es de noble cuna y debéis reconocer que es bella.

Era indudablemente cierto que el bebé era hermoso, pero la confusión de Galahad fue en aumento. Meneó la cabeza.

–Este amor del que habláis es un señor exigente –dijo Arturo.

Por tercera vez hizo comparecer a una dama, y Arabella, preciosa niña de doce años, entró en la estancia. Galahad la miró y trató de contener su enfado.

–Mi señor, pero si es sólo una joven doncella, además de medio hermana mía –dijo.

–Habéis pedido una dama para servirla –dijo Arturo–, y yo he tenido la generosidad de presentaros tres. Ahora os toca a vos decidir.

La expresión de Galahad era de pasmo.

–¿Por qué os burláis de mí de esta manera? –preguntó.

Arturo alzó una mano y en un instante el espacioso salón quedó vacío, excepción hecha de ellos dos.

–No me burlo de vos –dijo–. Estoy tratando de enseñaros algo que me enseñó Merlín, mi maestro.

Al alzar los ojos, Galahad vio una expresión más afable en el rostro del rey.

–Mis caballeros dicen que sirven a las damas impulsados por el amor –prosiguió Arturo–, y, a pesar de haber hecho voto de amar castamente, la mayoría de las veces sienten pasión por las damas a las que sirven, ¿no es cierto?

Galahad afirmó moviendo la cabeza.

–¿Y que cuanto mayor pasión sienten por las damas, mayor es el ahínco con que las sirven? –preguntó Arturo. El joven caballero volvió a asentir con la cabeza–. Merlín me enseñó otra manera de amar –dijo Arturo–. Piensa en la vieja, el bebé y la muchacha que es tu hermana. Las tres son manifestaciones de lo femenino, y, al cambiar estas formas, con ellas cambia lo que llamáis «amor». Cuando decís que estáis enamorados, lo que en realidad queréis decir es que se ha satisfecho una imagen que lleváis dentro.

»Así es como empieza el apego, con el apego a una imagen. Podéis decir que amáis a una mujer, pero si ella os traiciona con otro hombre, vuestro amor se convertirá en odio. ¿Por qué? Pues porque vuestra imagen interior ha sido profanada, y, dado que desde el principio lo que amabais era esa imagen, su traición os llena de rabia.

–¿Qué se puede hacer al respecto? –preguntó Galahad.

–Mirad más allá de vuestras emociones, que siempre cambiarán, y preguntad qué hay detrás de la imagen. Las imágenes son fantasías; las fantasías existen para protegernos de algo que no queremos afrontar. En este caso es el vacío. Careciendo de amor a ti mismo, formas una imagen para cubrir el vacío. Por eso ser rechazado o traicionado en el amor causa tanto dolor, porque la profunda herida de vuestra propia necesidad queda al descubierto.

–El amor se considera algo muy hermoso y exaltado –dijo Galahad en tono triste–, pero nos lo presentáis como algo horrible.

Arturo sonrió.

–Lo que suele pasar por amor puede tener consecuencias horribles, pero ése no es el final de la historia. En el amor hay un secreto. Merlín me reveló el secreto hace muchos años, del mismo modo que ahora os lo imparto a vos: cuando seáis capaz de amar de la misma manera a una vieja, a una recién nacida y a una muchacha, seréis libre de amar más allá de la mera forma. Entonces la esencia del amor, que es una fuerza universal, se revelará dentro de vos. Estaréis desapegado, que es la llamada silenciosa que el amor tiene que obedecer.

Entender la lección

Cuando un mago habla de amor, se refiere a algo que es casi lo contrario de lo que nosotros llamamos «amor». Para nosotros el amor es un sentimiento muy personal; para un mago, es una fuerza universal. Enamorarse es para nosotros una condición que acaba desvaneciéndose; un mago no se enamora porque se encuentra de forma permanente en el flujo del amor mismo. Pero la mayor diferencia tiene que ver con el apego. El apego surge siempre que dices: «Te amo porque eres mía». Esta forma de amor es en realidad una extensión del ego, que siempre piensa en términos de «yo», «mi», «mía».

–Los mortales lo llamáis «amor» cuando os sentís completamente apegados a otra persona –dijo Merlín–. Vuestra fantasía consiste en poseer a alguien completamente o ser completamente poseídos. Pero los magos lo llaman «amor» cuando no sienten ningún apego, ninguna posesión.

–¿No es eso sencillamente indiferencia? –preguntó Arturo.

Merlín meneó la cabeza.

–La indiferencia no tiene energía ni vida. El amor de un mago es increíblemente vivo y fluye con la energía del cosmos. Para que suceda eso tienes que ser como una vasija vacía. Los mortales están tan llenos de ego, que no hay espacio para nada más. Un mago está completamente vacío; por tanto, el universo puede llenarle de amor.

Merlín hablaba dulcemente, casi con ternura.

–Enamorarte es una oportunidad maravillosa para ti –dijo–. Normalmente vives protegido detrás de los muros de tu propio ego. Te gusta la seguridad de que gozas allí, tu invulnerabilidad. El acto de enamorarte derriba las murallas, al menos temporalmente. Quedas expuesto y vulnerable, justamente como temías, pero la emoción arrolladora del amor hace que esto sea un estado de éxtasis en vez del estado doloroso que creías que iba a ser. En el mejor de los casos, enamorarse significa compartir lo desconocido con otra alma, estar dispuestos a entrar juntos en la sabiduría de la incertidumbre.

Los magos no consideran que haya formas de amor superiores o inferiores, ya que estas palabras forman parte del lenguaje que se emplea para juzgar y los magos no juzgan.

–Si tu enemigo pasa por tu lado y te insulta –dijo Merlín–, eso es un acto de amor. El impulso del amor nació en el corazón de tu enemigo, sólo para transformarse en odio al pasar por el tamiz de la memoria. Tus experiencias pasadas hacen que el impulso del amor se deforme o se tuerza al subir a la superficie, pero, no te llames a engaño, cualquier expresión sería amorosa si pudieras encontrarla en su origen.

–¿Es posible tender un puente desde la clase de amor que sienten los mortales a la que sentís vosotros? –preguntó Arturo.

–No hace falta construir ningún puente, toda vez que existe sólo una clase de amor –repuso Merlín–. El amor personal que sientes por otra persona es una forma concentrada del amor universal; el amor universal es una forma ampliada del amor personal. Puedes experimentar ambos al máximo si te permites estar receptivo.

Vivir con la lección

Hasta cierto punto, todos nos enamoramos de imágenes. Llevamos estas imágenes dentro de nosotros mismos y esperamos hasta encontrar algo que armoniza con ellas en el mundo exterior. Generalmente buscamos a alguien que o bien refleje nuestras propias imágenes de nosotros mismos o que las repare. La primera clase de amor busca un espejo, la otra quiere añadir una pieza que falta. En ambos casos hay una sensación subyacente de necesidad. Te sientes incompleto en ti mismo y tratas de subsanar esta carencia por medio de otra persona.

«Si quieres sentir el amor tal como lo siente Dios, tienes que llenar todos tus vacíos, porque Dios puede amar sólo desde el estado de plenitud», aconsejó Merlín.

Ser un amante perfecto significaría no tener ninguna debilidad o herida secreta que quieras que otra persona te cure. Buscar tus propios vacíos es el primer paso, llenarlos de Ser o esencia es el segundo. A este proceso se le suele denominar «aprender a quererte a ti mismo», pero debemos tener cuidado con esa denominación. Demasiado a menudo es sinónimo de aprender a amar a tu imagen de ti mismo. A ojos del mago, la imagen de uno mismo es sencillamente el ego; es la negación cubriendo el vacío de la carencia.

Al verdadero proceso de aprender a amarte a ti mismo sería más apropiado llamarlo «aprender a querer a tu Yo», es decir, tu espíritu. Si miras honradamente tu pasado, que ahora se halla almacenado bajo la forma de miles de recuerdos dentro, siempre encontrarás una mezcla: puede que algunas experiencias hayan despertado amor al yo o a los demás; muchas, no. Los recuerdos de vergüenza, culpa, rechazo, odio, rencor y otros sentimientos no amorosos no pueden convertirse en amor. Estas imágenes son lo que son. Acéptalas y pasa a un sentido más elevado del Yo, que no está relacionado con la memoria.

La memoria sólo puede encerrarte dentro de un sentido asfixiante de tu pasado personal. Más allá de la memoria se encuentra la callada experiencia del Ser, simple conciencia sin contenido. Ésta es la región del amor, la región de ti mismo en la que se entra por medio de la meditación. Existen muchas clases de meditación; tanto en Oriente como en Occidente su tradición se guía por el principio de que tienes un núcleo del Ser o esencia en el que se puede entrar. El acceso no se logra pensando o sintiendo. En vez de ello, meditar es ir directamente a la región callada de dentro.

Para hacerte una idea de cómo es ir más allá de las imágenes, haz el siguiente ejercicio: imagina una mujer hermosa o un hombre guapo, alguien que represente tu objeto amoroso ideal. Ve la persona de forma tan viva como puedas, luego cámbiale el rostro para que vaya pareciendo más y más vieja, hasta que la belleza desaparezca y lo que tengas ante los ojos esté marchito y arrugado. ¿Tu sentimiento de amor sigue siendo tan fuerte como al empezar? A la mayoría nos resulta dificilísimo experimentar los mismos sentimientos por una cara arrugada y vieja que por otra joven y hermosa. ¿Puedes llamarlo «amor» cuando un simple cambio de imagen causa semejante alteración?

–¿Por qué cambia el amor? –preguntó Arturo.

–Porque la emoción del amor siempre contiene su antónimo. El amor más fuerte que sientas oculta un odio igualmente fuerte –dijo Merlín–. La única diferencia es que el amor ha florecido mientras el odio todavía es una semilla.

O prueba este ejercicio afín: piensa en una época en que una persona a la que amabas profundamente te hizo daño. Puede que fuese un momento de indiferencia o de traición, o puede que fuese un gesto que revelase que tu persona amada no era perfecta, sino sólo humana. Si eres honrado contigo mismo, recordarás como el amor puede convertirse violenta y súbitamente en otros sentimientos. El odio, los celos, el dolor o la indiferencia que nació ya estaba allí desde el principio bajo la forma de semilla, tapada por el amor que preferías sentir. ¿Por qué lo preferiste? Aparte del placer puro y simple, hay otra razón: el ego. La clase de amor que se apega a otra persona es en realidad sobre ti mismo, porque lo que hace que siga adelante no es lo que es real en el ser amado, sino algo que obliga mucho más: tu propia necesidad de poseer.

Cuando piensas que posees a otra persona, lo que haces en realidad es encontrar una manera de escapar de ti mismo, evitando los miedos y las debilidades que niegas tener. En vez de encararte contigo mismo, miras en el espejo del amor y ves realización perfecta en las emociones que sientes por tu ser amado. Esto no es una crítica. Tal como lo ve un mago, el amor es realmente una manera de experimentar una realización perfecta, pero no puede suceder por medio de la fantasía. El espejo del amor es una manera divina de ir más allá del ego, pero sólo después de que hayas llegado al flujo puro del Ser que yace como una joya secreta dentro de todo sentimiento de amor.

–Recuerda –dijo Merlín–, el amor no es un mero sentimiento, sino una fuerza universal y, como tal, tiene que contener verdad.

Si eres capaz de ahondar tanto, encontrarás que todas las emociones resultan ser amor disfrazado. Los celos y el odio parecen ser lo contrario del amor, pero también pueden verse como formas distorsionadas de volver al amor. La persona celosa busca amor, pero lo hace de manera distorsionada; puede que la persona que odia quiera desesperadamente amar pero que odie porque cree que nunca lo conseguirá. Una vez dejas de ver el amor como mera emoción, tiene sentido pensar que una fuerza universal atrae a todo el mundo hacia ella: se trata del amor del mago. Así pues, deberíamos honrar todas las expresiones de amor, por distorsionadas que sean. Aunque puede que pocas personas sean capaces de experimentar el amor universal en toda su plenitud, todas caminan por la senda que lleva a él.

Lección 16

Más allá de estar despierto, soñar y dormir
hay infinitos reinos de la conciencia.

Un mago existe simultáneamente en todos los tiempos.

Un mago ve infinitas versiones de todo acontecimiento.

Las líneas rectas del tiempo son en realidad hilos
de una red que se extiende hacia el infinito.

En la túnica de Merlín había bordadas lunas y estrellas, y el joven Arturo se preguntaba por qué.

–Permíteme que te lo enseñe –dijo Merlín. Se llevó a Arturo e hizo que se sentase en la cima de una colina–. Ahora dime qué es lo más lejano que puedes ver.

–Veo el bosque que se extiende muchos kilómetros hasta que llega al horizonte. Hasta allí alcanza mi vista.

–¿Y qué hay más allá? –preguntó Merlín.

–El borde del mundo, el cielo y el sol, supongo yo –contestó Arturo.

–¿Y más allá todavía?

–Las estrellas y luego el espacio vacío, que se extiende hacia el infinito.

–¿Y sería lo mismo si te hiciera dar media vuelta? –preguntó Merlín. El chico afirmó con la cabeza–. Muy bien –dijo el mago–. Ahora sígueme. –Condujo a Arturo hasta el arroyo en cuya orilla solían echar la siesta a primera hora de la tarde–. Veamos, ¿qué es lo más lejano que puedes ver? –preguntó Merlín.

–No puedo ver hasta muy lejos en un bosque tan frondoso como éste, sólo hasta el último meandro del arroyo ahí abajo. –Arturo señaló un punto situado a unos cien metros.

–Pero tú sabes que el arroyo llega hasta el mar y el mar hasta el horizonte, ¿verdad? –preguntó Merlín. Arturo dijo que sí–. Luego el horizonte daría paso al borde del mundo, el cielo, el sol, las estrellas y el espacio vacío infinito, justamente como antes, ¿no? –dijo Merlín.

–Sí –respondió Arturo.

Una vez más el mago pareció sentirse complacido y condujo a su discípulo al interior de la cueva de cristal.

–¿Y ahora qué es lo más lejano que puedes ver? –preguntó.

–Hay poca luz y lo único que puedo ver son las paredes de la cueva –repuso Arturo–, pero antes de que me lo preguntes te diré que sí, que en el exterior de esta cueva están el bosque, las colinas, el horizonte, el cielo, el sol, las estrellas y el espacio vacío.

–Entonces fíjate bien en lo que voy a decirte –dijo Merlín alzando un poco la voz–. Vayas a donde vayas, el mismo infinito se extiende en todas las direcciones. Así pues, tú eres el centro del universo vayas a donde vayas.

–Eso parece un truco –protestó Arturo.

–No, el truco te lo gastan tus sentidos, que te engañan y te hacen creer que estás localizado. En verdad, todos los puntos del cosmos son el mismo punto, un foco para la infinidad en todas las direcciones. No hay un aquí ni un allí, un cerca ni un lejos. Tal como lo ve el mago, hay sólo un todas partes y un ninguna parte. Sabiendo esto, aceptarías luna y estrellas también. Sin la ilusión de tus sentidos, te darías cuenta de que la luna y las estrellas están aquí mismo, a tu lado.

–¿Cuándo me daré cuenta de eso? –preguntó el chico.

–Con el tiempo. Cuando se calme la agitación de tu alma, verás los cielos en tu propio ser.

Entender la lección

Si nos creemos lo que nos dicen nuestros sentidos, el espacio y el tiempo no son misteriosos. Desde lo alto de una colina podemos ver que la tierra termina en el horizonte y que el sol se alza en el cielo. El tiempo transcurre en segundos y se mueve del pasado al futuro en línea recta. Para un mago, sin embargo, el tiempo y el espacio son infinitamente misteriosos. Un mago cree en un presente que es eterno, ve que todos los acontecimientos ocurren simultáneamente, y todo lugar es el mismo punto rodeado de infinito.

–El espacio-tiempo corriente es un velo que todavía no has penetrado –dijo Merlín–. Mientras dependas de tus sentidos, permanecerás en este lado del velo. Una vez hayas ido más allá de tus sentidos, sin embargo, te encontrarás en reinos y mundos que ahora no puedes imaginarte. Cada reino es un estado de conciencia, y descubrir mundos nuevos depende sólo de depurar tu conciencia hasta que se dé cuenta de estas realidades que están suspendidas en el aire tan cerca. Ahora mismo tanto tú como yo podemos ver infinito en todas las direcciones, sólo que los dos lo usamos de forma muy diferente.

Para hacer uso del infinito, debes modificar tu concepción mental del tiempo y el espacio, desechando la percepción cruda de los sentidos. Tú ya sabes que el borde del mundo no es el horizonte, que el sol en realidad no sube en el cielo. Puede que los hechos que sustituyeron a estas creencias erróneas parezcan muy sólidos, pero también están expuestos a cambios. Un mago ve el tiempo, por ejemplo, como una colección frágil de hilos que se tejen de momento en momento. Cada vez que tomas una decisión, creas una nueva línea de acontecimientos que se extiende a partir de este momento; hasta que tomaste la decisión, este hilo de tiempo no existía.

Al ver el tiempo de esta manera, como subjetivo y creativo, el mago puede tejer su propia versión de los acontecimientos y formar una red con ellos y, de esta forma, alterar el pasado o el futuro.

–¿Alguien puede realmente cambiar el pasado? –preguntó Arturo.

–Por supuesto –contestó Merlín–. Los mortales tenéis la costumbre de creer que el pasado crea el presente, y el presente, el futuro. Esto no es más que un punto de vista arbitrario. Imagina durante un momento tu propia versión de un futuro perfecto. Mírate a ti mismo en ese futuro en el que se habrá realizado todo lo que puedas desear en este momento. ¿Puedes verte allí?

Arturo afirmó, ya que de pronto había tenido una visión de Camelot en toda su gloria.

–Muy bien. Ahora toma el recuerdo de ese futuro y tráelo al presente. Deja que influya en tu conducta a partir de este momento. Si has imaginado paz y satisfacción en medio de una ausencia total del miedo, vive eso ahora. Siempre que impulsos rivales, impulsos de ira, miedo o carencia surjan del pasado, desecha esos recuerdos y, en lugar de ellos, actúa de conformidad con tus recuerdos futuros. Quítate de encima la carga del pasado y déjate guiar por tu visión de un futuro realizado. ¿Ves lo que ha sucedido?

–No estoy seguro –repuso Arturo.

–Estás viviendo retrocediendo en el tiempo, igual que los magos. Vivir hoy el sueño de mañana es algo que siempre está a tu alcance. ¿Quién dice que debes vivir solamente en el pasado? Al vivir adelantándose en el tiempo, los mortales se encuentran siempre abrumados por la carga de la memoria; permiten que el pasado cree el presente. El mago opta por dejar que el presente lo cree el futuro... eso es lo que realmente significa vivir retrocediendo en el tiempo.

–Y tú has cambiado el pasado, entonces, al no permitir que siga influyendo en tus acciones presentes –dijo Arturo.

–Exactamente. Pero la cosa no termina aquí. El pasado puede cambiarse de forma mucho más profunda. Cuando aprendas que el tiempo se está inventando en tu propia conciencia, verás que no hay ningún pasado. Existe sólo el ahora eterno, que se renueva constantemente. El ahora es el único tiempo que realmente existe. El pasado es recuerdo, el futuro es potencial. El momento presente es el pivote para cualquier futuro posible que puedas imaginar. De manera que cambia el pasado por completo viéndolo como irreal, un fantasma de la mente.

Vivir retrocediendo en el tiempo no es una fantasía, toda vez que ya estás viviendo alguna versión del futuro en este momento. En tu conciencia llevas modelos de cómo funcionan las cosas; estos modelos te permiten proyectar tus expectativas hacia el futuro. Prevés que tus amigos seguirán siendo amigos, que continuarás teniendo una familia y un puesto de trabajo. En un nivel más profundo, tu modelo social te dice que el país y el gobierno seguirán siendo muy parecidos a lo que son ahora, y así sucesivamente. En el más profundo de los niveles, tu modelo de la realidad da por sentado que la gravedad, la luz y otras fuerzas naturales no sufrirán ninguna alteración.

Desde el punto de vista psicológico, tener un modelo de cómo continuarán funcionando las cosas es tan importante, que sufrimos cuando dicho modelo se ve amenazado por algún cambio profundo o inesperado en nuestra vida; por la misma razón, también usamos proyecciones para que nos den una vida más realizada que la que llevamos ahora mismo. Todos tenemos deseos, sueños, temores y creencias –se trata de proyecciones de nuestros modelos interiores– que nos dan una segunda vida, por así decirlo, que se basa totalmente en proyecciones. A los ojos de un mago, la mayoría de las personas parecen trenes con el faro delantero encendido circulando por una vía. Lo único que ven es lo que el faro alcanza a iluminar y no prestan atención a las posibilidades infinitas que se extienden a ambos lados.

Imagina que la vía férrea es el tiempo. Nuestro estrecho sentido del tiempo se halla ligado directamente a nuestras estrechas creencias. Un pesimista cree que nada saldrá bien, lo cual proporciona un modelo sencillo para el futuro. Un idealista cree que prevalecerán valores más elevados, y también eso es un modelo del futuro. Cuando el pesimista tiene una racha de buena suerte o el idealista obtiene resultados que son menos que ideales, ambos preferirán sus respectivos modelos a la realidad. Esto no equivale a criticar la utilidad de los modelos, sino que lo que se pretende es demostrar que son menos que reales. En vez de afrontar el momento presente, todos vivimos retrocediendo en el tiempo, utilizando nuestro futuro proyectado como guía de nuestras acciones presentes. Pero, a diferencia del mago, no lo hacemos de manera consciente.

En vez de caer presa de tu subconsciente, que te empuja constantemente a aceptar un futuro que es predecible, puedes hacerte con el control de tu talento para la proyección. Vive el ideal más elevado ahora. Ve un futuro basado en la creencia de que eres cuidado en el universo, que estás creciendo hacia una conciencia superior, que el amor, la verdad y la aceptación de uno mismo ya son tuyos. No tienes que alcanzar estos estados para vivirlos ahora. Vivirlos ahora es la forma de alcanzarlos.

Vivir con la lección

Como acabamos de ver, desmantelar tus viejos supuestos sobre el tiempo y el espacio es importantísimo, porque lo que tomas como tiempo y espacio «reales» son, de hecho, prejuicios heredados de la infancia.

–Yo lo llamo la red del tiempo –explicó Merlín– porque me veo a mí mismo como una araña sentada en el centro de todos los acontecimientos, que se extienden a partir de mí como los hilos de una telaraña. Se necesitan todos los acontecimientos para crear la red, del mismo modo que se necesitan todos los hilos, pero, si lo deseo, puedo optar por seguirlos de uno en uno.

Al mago le resulta fácil pasar del tiempo local al tiempo universal, de ver las cosas en términos de acontecimientos aislados a verlas como un conjunto.

¿Cómo puedes aprender a ver el tiempo como un conjunto en vez de verlo como una sola línea recta? En el episodio Merlín enseñó a Arturo a verse a sí mismo como el centro espacial del universo desde el punto en que se encontrase, sin importar cuál fuera. Lo mismo puede hacerse con el tiempo. Considera el momento presente, luego retrocede hasta ayer, hasta el año pasado, hasta un decenio atrás. Continúa retrocediendo hasta que llegues a tu nacimiento, acelera entonces y ve siglos pasados, la prehistoria, el comienzo del mundo. Toma la línea de tiempo que lleva hasta el nacimiento de la tierra, el nacimiento del sol, el nacimiento de las estrellas. Al disolver las estrellas y retroceder hasta el universo primordial, llegarás al momento del «Big Bang». Probablemente, ahora tu imaginación no podrá aportar imágenes de un pasado más lejano, pero, a pesar de ello, no tendrás que detenerte. No hay un verdadero principio del tiempo, toda vez que para cualquier momento al que llames «principio», todavía puedes preguntar qué hubo antes de ello.

De modo parecido, si empiezas en el momento presente y avanzas en el tiempo, puede que te quedes sin imágenes después de imaginar el fin del mundo, el fin del sol, el fin de las galaxias. Pero nunca habrá un fin del tiempo, porque todavía puedes preguntar: «¿Qué pasa después de eso?». En resumen, el tiempo es una eternidad que se extiende en ambas direcciones, prescindiendo del momento que elijas como principio. Esto te dice dos cosas: tú eres el centro de la eternidad, y todos los puntos del tiempo son en realidad el mismo. Debe de ser verdad si la eternidad es igual desde cualquier punto del tiempo. Se ha dicho que el tiempo es el medio de que se vale la naturaleza para impedir que lo experimentemos todo simultáneamente. También podrías decir que el tiempo es el medio que emplea la naturaleza para permitirnos realizar nuestros deseos de uno en uno, lo cual, al fin y al cabo, es la manera mejor de disfrutarlos.

De hecho, cada momento es todos los demás momentos, y lo que crea la ilusión de pasado, presente y futuro es simplemente el foco de tu atención. Tu mente es el cuchillo que corta el continuo de espacio y tiempo en pulcras tajadas de experiencia lineal. Cuando puedas utilizar este poder de forma consciente, serás un mago.

–Escribe las palabras «ninguna parte» –dijo Merlín a Arturo–, luego escribe «ahora aquí».* He aquí en resumen la verdad sobre el

* «Ninguna parte» *(nowhere)* y «ahora aquí» *(now here)* se escriben de la misma manera en inglés, sin más diferencia que la separación entre *now* y *here* en el segundo caso. *(N. del T.)*

espacio y el tiempo. Tu origen fue un continuo que no tiene ningún principio en el tiempo o en el espacio. Siendo infinito y eterno, no procedes de ninguna parte. Sin embargo, este continuo infinito, eterno, se ha manifestado bajo la forma del momento presente. Tu mente y tus sentidos han localizado la eternidad en un punto, que es el ahora aquí. La relación entre «ninguna parte» y «ahora aquí» es la relación entre el infinito y este momento que estás viviendo ahora.

Lección 17

Los buscadores nunca se pierden porque el espíritu siempre les está haciendo señas.

Los buscadores reciben constantemente pistas del mundo del espíritu. La gente corriente llama a estas pistas «coincidencias».

El mago no cree en las coincidencias. Todo acontecimiento existe para revelar otra capa del alma.

El espíritu quiere conocerte. Para aceptar su invitación, tienes que estar indefenso.

Cuando busques, empieza en tu corazón. La cueva del corazón es el hogar de la verdad.

Merlín tenía la extraña costumbre de dar la impresión de que disfrutaba de los percances que de vez en cuando sobrevenían al joven Arturo. Si Arturo volvía a la cueva con cortes y magulladuras por haberse caído de un árbol, el mago musitaba «Muy bien» de forma casi inaudible. Una vez, durante una tormenta eléctrica, un sicomoro viejo y podrido resultó alcanzado por un rayo y estuvo a punto de caer sobre Arturo.

–Bien hecho –musitó Merlín.

A pesar de hacer tales comentarios en voz muy baja, el chico se sentía muy herido. Se juró a sí mismo que ocultaría a su maestro los pequeños desastres que sufriera, pero al día siguiente le resbaló el hacha cuando estaba cortando leña cerca de la cueva. En una fracción de segundo el filo cortó el zapato de Arturo y estuvo a punto de cortarle los dedos del pie. Al oír su chillido de espanto, Merlín acudió rápidamente a su lado y examinó con atención el zapato.

–Cada vez mejor –dijo Merlín en voz baja.

Arturo no pudo contenerse.

–¿Cómo puedes sentirte feliz cuando me hago daño? –exclamó.

–¿Feliz? ¿De qué estás hablando? –Merlín parecía sinceramente confundido.

–Te piensas que no me doy cuenta, pero cada vez que me pasa algo malo, pareces complacido.

Merlín hizo una mueca.

–No deberías escuchar las conversaciones que no van dirigidas a tus oídos, especialmente si se trata de conversaciones entre yo y mí mismo.

La respuesta de Merlín sólo sirvió para que el chico se sintiera abatidísimo. Estaba a punto de huir corriendo de la insensibilidad de Merlín cuando el mago apoyó las manos en sus hombros.

–Tú te figuras que me entiendes, pero no es así –dijo. Luego su voz se hizo más dulce–. No me alegraba de tu desgracia, sino que me alegraba de que no hubieras sufrido daño. Si tú supieras, estos accidentes tuyos hubieran podido ser mucho peores.

–¿Quieres decir que me has salvado del peligro? –preguntó Arturo, desconcertado.

Merlín negó con la cabeza.

–Te has salvado a ti mismo, o al menos empiezas a aprender a hacerlo. No hay accidentes, a pesar de lo que creéis los mortales. Sólo hay causa y efecto, y cuando la causa se halla alejada en el tiempo, el efecto vuelve después de que lo hayas olvidado. Pero ten la seguridad de que todo lo que te ocurre, sea bueno o malo, es el resultado de alguna acción en el pasado.

Debido a que era joven y debido a que confiaba en su maestro, Arturo no opuso resistencia a esta nueva idea. Reflexionó durante un segundo.

–Me estás diciendo que estos percances son como una especie de eco. Si grité ayer y el eco esperó hasta hoy para volver, puede que se me haya olvidado todo.

–Exactamente.

–Entonces, ¿cómo estoy aprendiendo a evitar estas reacciones retardadas si ya me he olvidado de ellas? –preguntó el muchacho.

–Estando más alerta. Las acciones vuelven a nosotros una y otra vez desde direcciones diferentes. Alrededor de nosotros obran tantas clases de causas y efectos, que uno tiene que estar muy alerta para verlas. Nada es fortuito en el universo. Tus acciones pasadas no vuelven para castigarte, sino para llamar tu atención. Son como pistas.

–¿Pistas? ¿De qué?

Merlín sonrió.

–Estropearía la pista si te lo dijera. Bastará con que te diga que no eres quien te piensas que eres. Vives en muchas capas de realidad. A una de éstas la llamaremos «espíritu». Imagínate que no te conoces a ti mismo como espíritu, pero que tu espíritu te conoce. ¿Qué podría ser más natural que el espíritu te llamase? Las pistas que caen del cielo son mensajes del espíritu, mas debes estar alerta para atraparlas.

–Pero lo único que he hecho ha sido cortarme el zapato con un hacha y estar casi a punto de que un árbol se me cayera encima. Fue pura coincidencia que me encontrase a los pies de aquel árbol para guarecerme de la tempestad –protestó el chico.

–Eso dices tú, y eso es lo que a los mortales les gusta decir siempre. Pero si pones atención, verás que en toda coincidencia hay una pista oculta. A ti te corresponde interpretarla. Una cosa te diré, sin embargo. Si aquel árbol te hubiese caído encima, o si hoy te hubieras herido, yo no lo hubiera lamentado. Hubiese dicho: «Hacer caso del espíritu es difícil». Dado que vas mejorando en lo que se refiere a evitar desastres, en vez de ello puedo decir: «Está aprendiendo a escuchar».

Entender la lección

De todos los mundos en que habita el mago, los dos que se encuentran más alejados son el de la materia y el del espíritu. Son también los dos polos de nuestra existencia. Es natural oscilar de un polo al otro, pasar de la fe al escepticismo, hasta que los antónimos se unen. En el momento presente, hay un alejamiento del polo material, aunque éste todavía domina el pensamiento de todo el mundo. Cuando hablamos de causa y efecto, queremos decir que las cosas materiales obran recíprocamente: el sol atrae a la tierra alrededor de sí mismo, rascar un fósforo crea una llama, un rayo cae sobre un árbol y éste se desploma. El hecho de que los seres humanos habitemos en este campo de causa y efecto no cambia nada; las leyes de la naturaleza obran sin tenernos en cuenta a nosotros.

El mago no acepta este punto de vista materialista. Para Merlín cada acción de la naturaleza, por insignificante que sea, tenía un significado humano. Ello debido a que acudía al polo opuesto, el mundo del espíritu, en busca del lugar donde la causa y efecto realmente empieza.

–Los mortales necesitáis ser mucho más vanidosos –dijo a Arturo.

–¿Más vanidosos? Pero si sueles decir que jamás se ha creado algo tan repleto de vanidad –contestó Arturo.

–Sigo considerando que es cierto, pero si fuerais aún más vanidosos, quizá veríais lo singulares que sois. El universo está organizado alrededor de vuestro destino y obedece hasta el menor de vuestros caprichos, y, a pesar de ello, siempre os estáis quejando de que Dios y la naturaleza son totalmente indiferentes.

–Si Dios no es indiferente, ¿por qué no muestra sus intenciones?

–Ah, la respuesta a este interrogante tienes que buscarla tú. Quizá todo este universo fue creado como un juego del escondite divino.

–Pues sería un juego muy cruel –dijo Arturo, meneando la cabeza–. No pensaría nada bien de un padre amoroso que se negara a mostrarme su rostro. ¿A qué equivaldría su supuesto amor entonces?

–No estés tan seguro de que la decisión fue suya –advirtió Merlín–. Si ha parecido que Dios se iba, quizá sea porque tú le dijiste que se fuera.

Lo que Merlín toca aquí es una cuestión de perspectiva. Si ves el mundo como algo material, entonces los acontecimientos suceden sin tener en cuenta la existencia humana. En cambio, si ves que el espíritu es la fuerza primaria del universo, entonces es posible que la aparente indiferencia de la naturaleza sea una máscara o contenga un mensaje oculto. Los magos ven a través de la máscara y encuentran un mensaje del espíritu en todos los acontecimientos, pero los mensajes permanecen ocultos mientras nuestra percepción esté anublada.

Por eso Merlín llamaba a los mensajes «pistas». Para tener pistas, has de tener un misterio. En este caso el misterio es cómo se las arregla el mundo para ser a la vez material y espiritual, cómo es posible que el mismo acto parezca obra de un Dios totalmente indiferente o la señal de la presencia amorosa de dicho Dios.

–No me dedico a hacer paradojas simplemente porque me guste –dijo Merlín–. La perspectiva lo es todo. Si alguien viene corriendo a ti con los brazos abiertos, puedes considerar que se trata de una agresión si te parece que esa persona es enemiga, de un abrazo si es amiga. Puede que un bebé dé patadas y chille cuando su madre le limpia la cara, pero, visto con la perspectiva de la madre, limpiar la suciedad es un acto de amor.

»De la misma manera la mayoría de los acontecimientos que llamáis "desgracias" o incluso "castigos divinos" en realidad nacen de la compasión, puesto que Dios recurre siempre a la manera más bondadosa de corregir los desequilibrios de la naturaleza. Eres tú el que construye estos desequilibrios, que Él debe purificar con el fin de salvarte de desgracias peores.

Los buscadores son las personas que tratan de resolver la aparente paradoja de la indiferencia de Dios y del amor de Dios. Investigan las crisis que la mayoría de las personas evitan examinar, porque a partir del daño, del fracaso o del desastre se puede penetrar en la verdad más profunda. Resolver este enigma es algo que merece que le dediquemos la vida entera.

–No me interpretes mal cuando digo que el espíritu deja pistas esparcidas por doquier –dijo Merlín–. No quiero decir que las pistas sean obvias ni que resulte fácil aclarar el misterio.

Vivir con la lección

Si el espíritu va sembrando pistas a tu alrededor, ¿cómo puedes encontrarlas? En primer lugar, tienes que estar dispuesto a ver estas pistas. Se presentan bajo muchas formas: encontrarte con alguien en quien acabas de pensar, oír una palabra que momentos antes pasó fugazmente por tu cerebro, ver que tus planes se malogran y encontrarte con que ello te beneficia de un modo impensado, caer en la cuenta de que en tu vida se están dando demasiadas coincidencias para que verdaderamente se trate de coincidencias. A menudo el espíritu empieza a hablar de alguna de estas maneras, a las que podríamos denominar «primeros encuentros». En esta categoría entran también las escapadas «por un pelo», los accidentes afortunados y las intuiciones que se vuelven realidad; en todos estos casos, las pautas normales de causa y efecto se ven sometidas a una gran tensión y a veces se rompen. Si tratas de aplicar la clase de lógica que dice que A causa B, la cual causa C, la explicación no saldrá bien, porque estas coincidencias son demasiado forzadas y demasiado personales. Lo que realmente hay que preguntarse no es por qué ha sucedido tal o cual cosa, sino por qué me ha sucedido a mí.

Desde luego, la compasión de uno mismo puede generar la misma pregunta: ¿Por qué me ha sucedido esto a mí? Uno tiene que aprender a formularla de manera distinta, impulsado por una curiosidad libre de compasión de uno mismo. El ego piensa que en modo alguno puede ser bueno que te suceda algo extraño o malo. Sin embargo, todo lo que nos ocurre tiene por finalidad ser *útil.* A veces el espíritu tiene que usar una bondad superior, enseñar una lección difícil movido por la compasión con el fin de evitar cosas verdaderamente desastrosas. ¿Y qué podemos decir de lo verdaderamente desastroso? Estos acontecimientos los ve el mago como lo mejor que el espíritu podría hacer, dada la compleja red de causa y efecto en la que cada persona se ve cogida.

A pesar de todo, con frecuencia en las pistas de la vida cotidiana no hay ningún contenido espiritual obvio. Son sencillamente la primera señal, una llamada cuyo fin es despertar. Todo el mundo se fija en los acontecimientos que se salen de lo corriente, pero, a menos que los veas como pistas, no preguntarás cuál es su significado. Sencillamente dejarás que ocurran y pasarás de largo. Seguirán careciendo de sentido.

Es importante tener un marco de entendimiento, saber que otro aspecto de ti mismo –el espíritu– atraviesa con su luz el disfraz del mundo material. Si estás dispuesto a aceptar la posibilidad de que el espíritu te llame, las pistas empezarán a cambiar. En lugar de ser coincidencias que se desvanecen rápidamente de tu mente, las pistas empezarán a adquirir connotaciones espirituales. En esta categoría podríamos poner las plegarias que reciben respuesta, el pasar experiencias próximas a la muerte, ver auras o luz divina, y notar la presencia de ángeles. Nuestra sociedad presta hoy una atención sin precedentes a tales cosas, pero, a pesar de ello, todavía es frecuente que se confundan con «fenómenos». Un fenómeno es por definición impersonal. Un mago diría que estas pistas son en realidad muy personales; su misión es guiar a alguien.

Sin embargo, no puedes descifrar el significado oculto hasta que pidas que te sea revelado.

–No esperes que el espíritu escriba un libro y te lo lea en voz alta –dijo Merlín–. La vida es creativa, y también lo es el espíritu. Cada pista dirigida a ti se ajusta a tu nivel de conciencia. Agradece que el espíritu permanezca invisible, a la vuelta de la próxima curva. Alégrate de poder ser un buscador durante toda tu vida, porque si el espíritu mostrara sus secretos de una vez para siempre, te quedarías con unos recuerdos agradables, pero tu futuro sería apático y aburrido.

Debido a que el espíritu está en movimiento y constantemente crea tu vida a partir del origen invisible de la vida, debes permanecer alerta también de forma constante para entender lo que hace. A veces las pistas aparecen de forma súbita e inesperada, otras veces cruzan tu camino tan silenciosamente como un gato que se mueve con sigilo bajo la luz de antes del amanecer, y a veces también sonríen y producen un estremecimiento de felicidad suprema. El gran gozo que se siente al entrar en el mundo del mago estriba en que todo el mundo cobra vida. Nada sigue estando muerto o inerte, toda vez que lo que en apariencia es insignificante a más no poder quizá sirva de pista para la gran búsqueda, la búsqueda de quien realmente eres.

–Respeta tu misterio. Nada es más profundo –dijo Merlín–. Pero síguelo implacablemente, tratando de apartar el velo a cada segundo. Esto es lo que enriquece la vida, que tiene más que ofrecer con cada pista que revela.

Lección 18

La inmortalidad puede vivirse en medio de la mortalidad.

El tiempo y lo intemporal no son antónimos. Porque lo abarca todo, lo intemporal no tiene antónimo.

En el nivel del ego luchamos por resolver nuestros problemas. El espíritu considera que esa lucha es el problema.

El mago es consciente de la batalla entre el ego y el espíritu, pero se da cuenta de que ambos son inmortales y no pueden morir.

Cada aspecto de ti mismo es inmortal, incluso las partes que con más severidad juzgas.

Cuando Arturo era un rey muy joven, oyó hablar de un loco que vivía en lo más hondo del bosque de Camelot.

–No prestéis atención a estos rumores infundados –le dijeron personas más juiciosas–. Se trata sólo de un chiflado que se ha encerrado en una choza y pronto morirá.

Pero algo se movió en el interior de Arturo. Llamó a sus caballeros y emprendió la marcha en busca del loco. Después de varias horas, el grupo del rey llegó a un claro del bosque que no quedaba muy lejos del camino principal. En medio del claro se alzaba una choza hecha con barro y juncos, tan mal construida que por todas partes sobresalían juncos. Arturo desmontó y se acercó a ella. No había ninguna puerta, sólo una ventana pequeña para que entrase el aire.

–¿Quién está ahí? –preguntó.

–Uno que no es de este mundo –repuso una voz débil.

Arturo se quedó quieto unos instantes, pensando.

–Quisiera conversar contigo, seas quien seas. Por orden del rey, sal.

–Yo no tengo ningún rey. Déjame en paz –dijo la voz.

–Pero tampoco tienes alimento ni agua. Necesitas ayuda –dijo Arturo.

–No necesito tu ayuda –respondió la voz, que a partir de aquel momento no quiso pronunciar una palabra más.

Los cortesanos querían que Arturo se fuese de allí, avergonzados al ver que se interesaba por un chiflado, pero, en vez de ello, el rey ordenó que hicieran comparecer ante él a cualquier persona que tuviese información sobre el hombre de la choza. Varios jinetes se adentraron en el bosque y al cabo de un rato volvieron con una pobre mujer vestida de harapos.

–Ésta es la esposa –dijo uno de los jinetes, soltando a la mujer, que aparecía visiblemente confundida y asustada.

–Tranquilízate, por favor. Lo único que quiero es ayudar a tu esposo –dijo Arturo.

La mujer siguió temblando, pero dijo:

–Ya no me llama «esposa». Mi Will ha jurado que permanecerá emparedado en esa choza hasta morir o hasta que reciba una señal de Dios.

–¿Por qué? –preguntó Arturo.

–Por el dolor, mi señor. Teníamos un hijo al que él amaba más que a cualquier otra cosa de este mundo. Mi Will es leñador, y un día partió hacia el interior del bosque con nuestro chico, que tenía seis años. Will estaba pendiente de su trabajo y no se dio cuenta de que el chico se marchaba. Estuvimos llamándole y buscándole hasta ponernos frenéticos; luego, al cabo de un día, su cuerpecito bajó flotando por el río. Nuestro hijo se ahogó y mi esposo no puede perdonarse.

El relato entristeció mucho a Arturo.

–El dolor no es motivo para quitarse la vida –dijo.

–Lo mismo digo yo –declaró la pobre mujer–. Pero ha jurado que hasta que Dios en persona venga a decirle por qué nos fue arrebatado nuestro hijo, maldecirá este mundo y permanecerá apartado de él. «Toda mi vida he visto la clase de sufrimiento que Dios permite», dice, «y no quiero tener nada más que ver con él. Si no aparece para explicarse, yo, de todos modos, ya es como si estuviera muerto.»

A pesar del patetismo del relato de la mujer, Arturo no pudo evitar sentirse intrigado por la curiosa forma en que aquel hombre se dirigía a Dios.

–¿Es cierto lo que me acaban de contar? –preguntó al que estaba dentro de la choza.

Se oyó un gruñido bajo, pero Will el leñador no tenía nada más que decir.

–Voy a pasar la noche aquí y conversaré con este pobre desgraciado –anunció Arturo, ordenando a sus acompañantes que regresaran a casa.

Los cortesanos se mostraron reacios a dejar a su rey a solas en el bosque, pero finalmente Arturo logró persuadirles de que se alejaran de allí y acampasen a cosa de media legua. Cayó rápidamente la noche y no salió la luna. Arturo se sentó junto a la choza envuelto en su capa para resguardarse de la humedad.

–En cierto modo, me siento más cerca de ti que de cualquier otra persona de mi reino –empezó a decir–. Reinar es algo nuevo para mí y siento intensamente el sufrimiento que me rodea. Los pobres, los enfermos y los lisiados existen en todas partes, pero su triste condición es también la mía, mientras sea su rey. He pasado muchas noches sin poder dormir preguntándome qué podía hacer para poner remedio a los males de este mundo. Parece que podría dedicar toda mi vida y toda mi fortuna a combatir las desgracias que hay a mi alrededor, y, pese a ello, al igual que el trigo de primavera, las semillas de la desdicha volverían a brotar dos veces más abundantes al llegar la siguiente temporada.

–Estoy esperando a Dios –le interrumpió de pronto la voz de dentro de la choza–. No necesito oír tus discursos. Que Dios responda de sí mismo.

–Muy bien –repuso Arturo–. Pero deja que esto sea asunto mío, que me veo a mí mismo en ti. Tuve un maestro que se llamaba Merlín y me dijo que el mal sólo tiene una solución, que no consiste en luchar contra él, sino en darse cuenta de que el mal no existe.

–Palabras necias –dijo la voz–. Búscate otro maestro.

–Necesitas escuchar más –insistió Arturo–. Merlín dijo que el bien y el mal se baten constantemente en combate; ambos nacieron hace miles de vidas. Y mientras haya luz y sombras, el bien y el mal continuarán viviendo.

–En tal caso, deberías desesperar y encerrarte en esta choza conmigo, pues has visto los verdaderos sentimientos de Dios para con este mundo. Quiere que suframos –dijo la voz con amargura.

–Durante mucho tiempo sentí lo mismo que sientes tú, pero luego Merlín me enseñó que hay dos sendas en la vida. En una de ellas, una persona trata de conquistar la recompensa del cielo y, si vive virtuosamente, alcanzará este objetivo. Pero incluso en el paraíso hay semillas de descontento, y finalmente, empujada por el aburrimiento, o por el temor a no haber merecido el cielo, una persona empezará a moverse en la otra dirección. Se hundirá y acabará encontrándose en el infierno. El infierno tiene que existir si existe el cielo, pero es igualmente temporal, ya que andando el tiempo, una persona se cansará de sus tormentos y empezará a subir otra vez. Así pues, la primera senda que un alma puede escoger es un círculo constante que va del cielo al infierno y viceversa de nuevo.

–Si lo que dices es verdad, somos objeto de burla además de ser condenados –dijo la voz con profunda amargura–. ¿Quién puede amar a un padre que ofrece el paraíso sólo para mandarnos de nuevo al infierno?

–Tienes razón –dijo Arturo–. Mi maestro señaló lo mismo. Pero luego me habló de una segunda senda. La clave de esta senda consiste en darse cuenta de que el cielo y el infierno los creamos nosotros mismos, que nosotros somos los encargados de que el ciclo continúe. Porque creemos en la dualidad, tiene que haber mal como antónimo del bien, del mismo modo que la luz debe tener las sombras o no sería luz. Habiendo comprendido esto, podemos hacer una elección diferente.

–¿Cuál?

–Renunciar a la dualidad, rechazar tanto el cielo como el infierno. Merlín dijo que más allá de la acción de los antónimos hay un reino intemporal de luz pura, de Ser puro, de amor puro. «Todo este asunto del bien y el mal», dijo. «Deja de perseguir tu propia cola y aléjate de él.» No puedo hablar por ti, amigo mío, mas para mí éste es el mensaje divino. Si Dios se nos ha de aparecer, es por medio de nuestro propio entendimiento de lo que es posible. Nuestra voluntad es libre y podemos encadenarnos al ciclo de placer y dolor para siempre. Pero somos igualmente libres de alejarnos y no volver a sufrir nunca.

Arturo enmudeció porque acababa de darse cuenta repentinamente de lo extraño que era estar hablando de aquella manera a un pobre desgraciado al que nunca había visto.

–Lamento entrometerme en tu dolor –dijo finalmente–. Ahora me despediré de ti.

El hombre de la choza no respondió.

Arturo se puso en pie, se arrebujó en su capa y echó a andar hacia el interior del bosque. Cuando había recorrido unos treinta metros, notó un resplandor a sus espaldas y oyó el crepitar de las llamas. Temiendo que el loco hubiese pegado fuego a la choza, dio media vuelta y echó a correr hacia el claro otra vez, pero se detuvo en seco.

La choza se había convertido en una bola de brillante luz blanca y de ella salió un ángel que dijo:

–Dios me dijo que los mortales conocíais un secreto y, como siempre, tenía razón. Sabéis que Dios no está simplemente en el cielo, sino mucho más allá, en el reino del espíritu puro.

Y con estas palabras, el ángel se desvaneció.

Entender la lección

La esencia de esta lección se explica en ella, que en la vida hay dos sendas. La primera es la aceptación de que la dualidad es real, que el bien y el mal con los que nos enfrentamos todos los días son sencillamente verdaderos, y que debemos hacer todo lo posible por luchar contra ellos. La segunda senda consiste en ver la dualidad como algo que elegimos nosotros mismos. Aunque todo lo que hay en la creación parece tener su antónimo, una cosa no lo tiene: la totalidad. La totalidad del espíritu no tiene antónimo porque lo abarca todo. Para elegir la segunda senda, tienes que estar dispuesto a renunciar a tu lucha contra el mal. Éste es el camino del mago.

No cabe ninguna duda de que cuando vemos el mal reaccionamos con temor e ira. De esta reacción nace la lucha y, como las personas quieren que el mal se vaya, la lucha parece ser legítima. Pero ¿y si el miedo y la ira son la causa del mal? ¿Y si nuestras reacciones alimentan de modo constante el mismo ciclo, que nunca acaba? Con estos interrogantes nació la segunda senda. No se trata de que la lucha sea un error, de que debamos someternos al mal. Pero el fin del mal es una cuestión seria y los magos han entrado a participar en el debate para proponer que un fin es posible, aunque no lo es empleando los medios que hemos usado durante tanto tiempo.

Vivir con la lección

No puedes renunciar a la dualidad del bien y el mal mientras eso sea lo que experimentas. Debe sustituirlo una experiencia más honda, una experiencia que esté más allá de las palabras. «Totalidad» y «espíritu» son sólo palabras hasta que se vuelven reales para ti personalmente. «Realidad» siempre significa experiencia; por tanto, de lo que se trata es de cómo experimentar el reino de la luz del que habló Merlín.

–Sé paciente contigo mismo. La dualidad tarda en desvanecerse –dijo Merlín–. Y entonces la unidad nacerá automáticamente.

Debido a que el espíritu siempre está llamando, las oportunidades de establecer comunicación con él son incontables. Ya hemos visto cuáles eran los primeros pasos: estar dispuesto a seguir las pistas que da el espíritu, meditar con el fin de encontrar el silencio puro que hay dentro de ti, saber que el objetivo del espíritu es verdadero y vale la pena esforzarse por alcanzarlo.

Esta lección viene a reforzar aquellos pasos, pero añade un ingrediente nuevo. Por más que las personas se quejen del mal y luchen contra él, el mal permanece con nosotros desde hace incontables siglos. El resultado de ello es que uno puede sentirse muy desanimado, como el hombre encerrado en la choza. Pero el hombre se llama Will* por una razón: nuestro libre albedrío es lo que nos permite salir del ciclo del bien y el mal. Ésta es la promesa que se ofrece en la presente lección. El camino del mago es compasivo, toda vez que resuelve el problema del sufrimiento al acercarse la luz del espíritu.

* Will es el diminutivo de William (Guillermo); y *will* significa «voluntad». *(N. del T.)*

Lección 19

Los magos nunca condenan el deseo. Fue siguiendo sus deseos que se convirtieron en magos.

Todo deseo es fruto de algún deseo anterior. La cadena del deseo no termina nunca. Es la vida misma.

No consideres ningún deseo inútil o erróneo... algún día cada uno de ellos se cumplirá.

Los deseos son semillas que esperan el momento de brotar. De una sola semilla de deseo nacen bosques enteros.

Acaricia todos los deseos en tu corazón, por triviales que puedan parecer. Un día estos deseos triviales te llevarán a Dios.

Fue un milagroso día de Navidad cuando Arturo arrancó la espada de la piedra. De toda la multitud tumultuosa que presenció la hazaña, nadie quedó más sorprendido que el propio Arturo. «¿Dónde está Merlín?», pensó, convencido de que el mago había llevado a cabo la proeza por medio de la magia. Pero Merlín no se dejó ver.

Ya muy avanzada la noche, mucho después de que todo el mundo se fuera a la cama, Arturo seguía sentado y preguntándose si su destino sería realmente ser rey.

–Te necesito, maestro –rezó.

De pronto, vio luz por debajo de la puerta. Arturo se levantó de un salto y la abrió, pero el mago no había venido. Era Kay, su hermano adoptivo.

–¿Qué tal te va? –preguntó Kay.

Arturo no supo qué decir, pero, al volverse hacia el interior de la habitación, dio un respingo.

–Levanta un poco más la luz –dijo.

Kay alzó su bujía y la luz cayó sobre tres objetos que habían aparecido en la cama de Arturo: una muñeca de paja, un tirador roto y un espejo resquebrajado.

–¿Ves esas cosas? –preguntó Arturo con voz extraña.

Kay pareció confundido.

–Las veo, pero no significan nada para mí –dijo.

–Deseé que Merlín me ayudara y ahora han aparecido estas cosas. Esta muñeca fue mi primer juguete –dijo Arturo, cogiéndola–. Debía de tener dos años cuando Merlín me la hizo. Este tirador roto lo hice yo con piel de ciervo y una horquilla de sauce cuando tenía ocho años. Este espejo resquebrajado lo encontré en el bosque cuando tenía doce años. ¿Sabes qué tienen en común las tres cosas? –Kay meneó la cabeza–. Pues que fueron las cosas más importantes que he poseído, cada una en su momento propio, y ya ves cómo están ahora.

–Hechas unos trastos inútiles –musitó Kay.

–Y a pesar de ello, me alegro muchísimo de verlas, porque ahora sé que Merlín me ha guiado desde el principio. Verás, Kay, cuando tenía dos años sólo quería juguetes; a los ocho años, sólo quería cazar gorriones y ardillas; y cuando tenía doce, lo único que quería era mirarme en un espejo para ver si las chicas me encontrarían feo o guapo. Todas estas cosas las he dejado atrás, pero cada una de ellas fue un escalón para llegar a este momento preciso. Algún día, dejaré la corona del mismo modo, aunque hoy sea mi único deseo y mi único destino.

Kay era un alma sencilla y recia que veneraba la monarquía. Las palabras de su hermano le escandalizaron.

–¿Por qué querría alguien tirar la corona? –preguntó, lleno de desconcierto.

–Porque llegará un momento en que será tan trivial como una muñeca, tan inútil como un tirador roto y tan vanidosa como un espejo. Pienso que eso es lo que Merlín quería que yo viese.

El deseo ocupa un lugar especial en nuestro corazón, ya que, si bien cada uno de nosotros pasa por la vida deseando una cosa tras otra, nuestros viejos deseos se tiran como si nunca hubieran tenido importancia. Los deseos no acaban nunca, sin que importe cuántos de ellos se hacen realidad, y, al mismo tiempo, ninguno de ellos dura lo suficiente para permitirnos dejar completamente el deseo.

–Eres humano, al fin y al cabo, y tu naturaleza te hace querer más y más –dijo Merlín–. El deseo es lo que te guía por la vida hasta que llega el momento en que deseas una vida superior. Así que no te avergüences de querer tanto, pero no te engañes pensando que lo que quieres hoy será suficiente mañana.

Es obvio que los deseos nunca acaban, pero eso no ha impedido que las personas, a menudo personas muy espirituales, tratasen de renunciar al deseo. En Occidente, los cristianos condenan la debilidad de la carne debido a sus bajos deseos; en Oriente, el budismo culpa al deseo de ser la raíz del interminable ciclo de placer y dolor. Pero a los ojos del mago, no hay razón alguna para condenar el deseo.

–Cuando entres en el mundo –dijo Merlín al joven Arturo–, te apoderarás de una presa que todos los hombres quieren. Esto hará que miles de ellos se vuelvan contra ti y te conducirá a años de lucha para conquistar tu corona.

–En tal caso, no tomaré la corona –dijo Arturo, muy preocupado.

–No, ése no es el camino –repuso Merlín–. El deseo lleva a los mortales a toda suerte de confusiones, mas tener deseos forma parte del plan que Dios ha trazado para ti.

–Pero el deseo ciega a las personas y las hace egoístas. Provoca violencia, como acabas de profetizar. Crea ignorancia y hace que una persona se enfrente a otra.

–Todas estas cosas son *usos* del deseo –señaló Merlín–. Hay aquí un misterio, como siempre, que sólo el buscador resolverá. ¿El deseo es el bien o el mal o ninguna de las dos cosas? Te daré una pista. Para averiguar cuál es la verdadera naturaleza del deseo, tienes que empezar sin juzgar. Honra todos y cada uno de los deseos que tengas. Acarícialos en tu corazón. No te esfuerces por obtener lo que quieras; confía en que tu espíritu superior habrá puesto el deseo dentro de ti, y deja que el espíritu se encargue de que tus deseos se hagan realidad. Puede que te encuentres con que el mal que hay en el deseo en realidad no es el deseo mismo, sino la lucha humana relacionada con él.

El mago no lucha por salirse con la suya, por apoderarse de algo, por ganar o por poseer, porque ve el deseo como parte de una pauta más amplia trazada por el espíritu.

–Si se ve como lo que realmente es, el deseo expresa tu necesidad última de volver a juntarte con la perfección. Desde el momento en que naciste nunca hubo esperanza alguna de que te sintieses realizado por los logros, las posesiones o la categoría social. Nada exterior iba a dar buenos resultados jamás.

–Entonces, ¿por qué creó Dios tantos objetos de deseo? –preguntó Arturo.

–¿Por qué no? ¿Qué hay de malo en querer más de este mundo si merece que lo quieras? –contestó Merlín–. Mira el deseo como la disposición a recibir lo que Dios quiere dar. Este mundo es un don; el Creador no tenía ninguna obligación de hacerlo. La capacidad divina de darte no tiene más límite que tu capacidad de recibir.

–Quizá sea así, pero ¿por qué Dios no proporcionó sencillamente una senda directa para llegar a él? –preguntó Arturo.

–Sí que la proporcionó. El deseo *es* la senda directa, pues no hay forma más rápida de llegar a Dios que tus propios deseos y necesidades. ¿Por qué iba Dios a darte algo antes de que lo quieras? Cuando contemplas tus propios deseos y emites un juicio contrario a ellos, ¿alguna vez te has preguntado por qué? Juzgar el deseo es juzgar su fuente, que eres tú mismo; temer al deseo significa que te temes a ti mismo. El problema no reside en el deseo, sino en lo que ocurre cuando tus deseos se ven bloqueados o se frustran. Entonces empiezas a luchar y juzgar.

»Si pudieras ver la manera de hacer que todos tus deseos se cumplan –lo cual es lo que Dios tiene pensado para ti desde el principio–, verías que sin deseo no podrías crecer. Imagínate a ti mismo como si fueras un niño que nunca quiso ir más allá de jugar con juguetes; sin que dentro de ti nacieran constantemente nuevos deseos, te verías atrapado en perpetua inmadurez.

Vivir con la lección

El discurso de Merlín sobre el deseo toca un nervio sensible, puesto que vivimos en una sociedad donde las personas pueden tener más y más cosas materiales. El resultado neto, sin embargo, no ha sido hacernos completamente felices. Muy a menudo lo que hay detrás de la abundancia es un vacío espiritual. Esto no significa que querer tener una casa, un coche y una cuenta en el banco esté mal o sea vergonzoso. El vacío espiritual no lo *creó* el deseo de cosas materiales. Lo creó el hecho de volverse hacia las cosas externas y esperar de ellas que hicieran lo que no pueden hacer. Las cosas externas no pueden satisfacer las necesidades espirituales. El aforismo según el cual un hombre rico tiene tantas probabilidades de entrar en el cielo como las que tiene un camello de pasar por el ojo de una aguja no representa una condena de la riqueza. Sencillamente señala que el dinero no tiene ningún valor espiritual. El dinero no es la puerta para entrar en el paraíso.

Los magos han enseñado siempre que el deseo debe verse como una senda. Al principio, los deseos se refieren a cosas tales como el placer, la supervivencia o el poder. Pero con el tiempo la senda del deseo conduce más allá de estas satisfacciones. No son deseos más bajos, sino anteriores. Del mismo modo que un niño, al llegar a cierta edad, deja los juguetes, el deseo de más y más acabará llevando a una persona a una fase natural donde el deseo de Dios se vuelve importantísimo.

–No te preocupes si te conviertes en alguien que busca a Dios –dijo Merlín–. Has sido buscador desde que naciste, sólo que al principio el Dios que buscabas eran los juguetes, luego la aprobación, después el sexo, el dinero o el poder.

»Rendiste culto a todas estas cosas y las deseaste con gran pasión. Goza de ellas cuando sean los deseos del momento, pero prepárate para cuando se marchiten. El gran problema que se te planteará no será el deseo, sino el apego, el aferrarte a algo cuando el flujo de la vida quiera que lo sueltes.

El ejercicio que corresponde a esta lección es un experimento puramente mental. Siéntate e imagina la cosa que quieras más apasionadamente en este momento. Quizá se trate de cierto automóvil, de una vida de riqueza o de algún tipo de éxito en una relación. Procura escoger algo que todavía no hayas conseguido, con el fin de poder sentir lo intensa que realmente puede ser la búsqueda del deseo.

Retrocede ahora hasta un deseo del pasado, un deseo que ya se haya hecho realidad. Puede tratarse de tu último coche nuevo, de un proyecto afortunado o de una importante suma de dinero. Comparado con el de ahora, el deseo pasado te producirá una sensación diferente. No sentirás con la misma intensidad el hambre de ir detrás del deseo viejo porque ya habrás saboreado su realización. Lo que estás experimentando en este contraste es cómo la vida te empuja hacia adelante. El deseo de ayer tenía su propio impulso para realizarse y ese impulso se ha desplazado ahora al deseo de hoy. Este impulso de avanzar no es fortuito. Te ha llevado de las apetencias de recién nacido a las de niño, las de adolescente y las de adulto.

La senda del deseo es increíblemente poderosa y nunca termina; sólo los objetos de deseo se desplazan y cambian. Lo que ve el mago es que en su nivel más profundo nuestros deseos contienen el impulso evolutivo de la vida misma. Querer vivir no es un mero instinto de supervivencia: es una senda que se despliega. A la vida no le gusta que la bloqueen y por eso dijo Merlín que los problemas del deseo aparecen sólo cuando se pone algún obstáculo en su camino. Un bebé sano aprende que lo que quiere es bueno cuando su madre se complace en satisfacer sus necesidades.

Si a una edad temprana se establece un modelo de deseo positivo, el bebé crecerá con deseos naturales que concuerden con sus necesidades verdaderas. Una persona psicológicamente sana, de hecho, puede definirse diciendo que es alguien cuyos deseos realmente producen felicidad. Pero si se inculca al bebé la idea contraria, que sus deseos son vergonzosos y sólo a regañadientes se satisfacen, entonces el deseo no se desarrollará de manera sana. En años posteriores el adulto continuará buscando satisfacción en las cosas externas y necesitará cada vez más poder, dinero o sexo para llenar el vacío que se creó en su sentido del yo cuando era un bebé; el mismo sentido de ser de la persona se juzga equivocado.

En los casos extremos el deseo sufre una distorsión tan grande, que su necesidad se transforma en la necesidad de matar, robar, cometer actos violentos, etcétera. Estos deseos pueden causar daños indecibles, tanto personal como socialmente. Sin embargo, al ver a un asesino o a un ladrón, nadie sabe dónde se descarriaron sus valores. Para el mago todos los deseos empiezan en el mismo sitio, en ese punto en que la vida sencillamente quiere expresarse; es la obstrucción o la condenación del deseo lo que causa el problema. Las expresiones malsanas del deseo simplemente reflejan la mala salud de una psique que necesita desesperadamente conocerse a sí misma, como nos ocurre a todos, pero que ha fracasado en el empeño, al menos por el momento.

Así pues, es importantísimo aceptar la naturaleza de tu deseo, darte cuenta de que en el plan divino está previsto que todos tus deseos se hagan realidad. Dios no te está bloqueando el camino que lleva a tener cualquier cosa y todo lo que quieras. Eres tú quien en el fondo cree que no te mereces cualquier cosa y todas las cosas.

Esta clase de juicios referentes a uno mismo bloquea el flujo natural de la vida, pero, una vez despejado el camino, la senda del deseo se convierte en un gozo, porque es el camino más corto y más natural para llegar a Dios. Ningún deseo es trivial, porque cada deseo tiene un significado espiritual. Cada uno de ellos es un pasito que lleva hacia el día en que desearás la forma más elevada de realización, que es conocer tu propia naturaleza divina.

Lección 20

El mayor bien que puedes hacer por el mundo es convertirte en mago.

Era el último día que iban a pasar juntos. El joven Arturo se encontraba a la vera del camino por el que se salía del bosque. Miró por encima del hombro y buscó el claro de Merlín, pero ya no estaba allí. Un frondoso grupo de árboles había crecido de la noche a la mañana, tragándose el claro y, con él, la entrada de la cueva de cristal. Arturo sintió una punzada y supo que la pérdida afectaría a todos los mortales y no sólo a él.

–No volveré, ¿verdad? –preguntó.

Merlín, que se encontraba a su lado, meneó la cabeza.

–No hay necesidad. Has terminado conmigo.

«Dudo que alguna vez termine contigo», pensó Arturo

Le pareció que incluso después de tantos años de preparación, le quedaban muchas preguntas que hacer a su maestro, más que al empezar. El mago, leyendo su pensamiento, dijo:

–Quería hacerte un regalo de despedida y no se me ocurrió nada mejor que esto. –Señaló el camino que tenían debajo de los pies y que también había aparecido de la noche a la mañana–. Los caminos son la señal del mago. ¿O ya lo sabías?

–No.

–Entonces recuerda lo que te digo. Un mago es uno que enseña yéndose, y cuando tú mismo puedas marcharte, serás un mago. Aunque creas que posees una parte de esta tierra, la realidad es que sólo caminas por ella. En espíritu eres el polvo en el camino, el desasosiego en el viento. Los mortales construís hogares para protegeros del mundo. Para un mago el hogar es este momento, y los momentos siempre se están moviendo...

–En el camino del tiempo –dijo Arturo, terminando la oración por él.

Se sabía de memoria muchas de las cosas que Merlín enseñaba.

–Sí –dijo Merlín.

Los dos guardaron silencio. El chico miró de reojo a Merlín para ver si estaba triste o, al menos, absorto, a causa de su separación. No estaba de ninguna de las dos maneras.

–Ya veo que no acabas de creerme –dijo Merlín–. Pero es verdad que alejarte de mí es el mayor regalo que puedo hacerte.

Y con estas palabras, los reacios pies del muchacho empezaron a moverse. Había un recodo en el camino a unos cien metros de ellos y cada paso que Arturo daba hacia él parecía cambiarle un poco. Los años que había pasado con Merlín comenzaron a desvanecerse y transformarse en un sueño, al tiempo que aumentaba la curiosidad que el mundo despertaba en él.

Al llegar al recodo del camino, estaba impaciente por ver lo que había a la vuelta. Toda la acción y el deseo de un mundo que jamás había conocido se convirtieron en algo de lo cual tenía que formar parte, y sus pies empezaron a volar en alas del fuerte deseo de salir del bosque. La imagen misma de Merlín se borró de su mente hasta que sólo quedó una voz que decía:

–Te he conducido a los lugares secretos de tu alma, ahora tienes que encontrarlos de nuevo, esta vez tú solo.

Al cabo de un momento, la voz se apagó también. El chico dobló el recodo, levantó una nube de polvo y sonrió. De pronto supo que cada vez que viese un camino pensaría en Merlín.

Entender la lección

Andar por un camino es señal de desapego, y los magos enseñan que en el desapego reside la verdadera libertad. Una persona libre vive en el espíritu, igual que un mago, y puede hacer mucho más bien del que pueda hacerse jamás fuera del espíritu. Este punto de vista todavía no es aceptable en la sociedad, porque a ti y a mí y a todas las personas que conocemos nos han condicionado para que creamos otra cosa. Estamos apegados a todo y creemos que el apego es lo que hace que nuestra vida funcione.

Nuestro sentido del apego empieza con nuestra relación con esta tierra. Los mortales, según dicen los magos, se hacen la ilusión de que poseen el mundo o controlan su destino. Tal como lo ven los magos, el mundo tiene un espíritu que vigila nuestro bienestar; vivimos protegidos dentro de su espíritu y nos está permitido dar forma a nuestro propio destino. Pero jamás es posible poseer o controlar el espíritu.

–Quieres tener el mundo entero, ¿no es verdad? –preguntó Merlín a Arturo.

–No, me parece que no –repuso el chico.

–Oh, sí quieres, créeme. Los mortales sois como una chispa que un día prenderá fuego a todo un campo. La chispa parece minúscula, pero se extiende más y más.

–¿Quieres decir que destruiremos el mundo? –preguntó Arturo.

–Depende. Destruir el espíritu es imposible, y si llegas a verte a ti mismo como espíritu, te unirás al espíritu de esta tierra. La otra opción es hacer caso omiso del espíritu, y si ésta es la que eliges, no tendrás consideración a la tierra. Su olor te parecerá remoto.

Merlín señaló una piedra grande.

–Dale un puntapié –dijo.

Arturo obedeció.

–¡Huy! –exclamó.

–Es extraño –comentó Merlín–. La piedra ha recibido un puntapié, pero tú eres el que se ha quejado.

–¿Y eso qué tiene de extraño? –gruñó Arturo, sospechando a medias que el mago le había hecho dar a la piedra un puntapié mucho más fuerte del que había querido darle.

–Esto ha sido una lección sobre el espíritu. Al dar un puntapié a la piedra, te has hecho daño a ti mismo. La piedra no ha protestado, porque la tierra nunca protesta. Está segura en su espíritu. La seguridad en el espíritu es lo que la tierra tiene para enseñaros a los mortales. Pero si te enfureces a causa de tu herida, que es algo que la piedra se ha limitado a devolverte, estarás tentado a hacer caso omiso del espíritu. Querrás aplastar la piedra, destruirla, y utilizarla para tus fines, y todo ello porque la tierra es lo bastante bondadosa como para no quejarse cuando le das puntapiés.

No protestar forma parte de la naturaleza del espíritu. En realidad al espíritu no puedes hacerle ningún daño, y aunque los seres humanos habéis infligido daños horribles a la tierra, el resultado final es siempre que nos hacemos daño a nosotros mismos. No respetamos a nuestro propio espíritu. Nos contemplamos a nosotros mismos con miedo e ira.

–Habéis perdido fe en la fe –dijo Merlín–. Al parecer, ya no confiáis en la confianza.

Lo que quiere decir esto es que las cualidades del espíritu, entre las cuales se hallan el amor, la fe y la confianza, deben conocerse y experimentarse antes de que puedan hacer mucho bien.

La mayoría de las personas luchan contra su voluntad; recurren al miedo y a la ira porque tienen la sensación de que les han obligado a seguir estas sendas. La disposición a vivir en paz depende de no dejarse dirigir por estas energías negativas, y eso sólo puede suceder adoptando el camino del mago.

–Si quieres hacer bien al mundo, despréndete de todo egoísmo y conviértete en mago –dijo Merlín–. Si quieres hacerte bien a ti mismo, sé completamente egoísta y sigue convirtiéndote en mago.

Puede que esto parezca una paradoja, pero en esencia todo espíritu es espíritu. Caminas por la tierra como individuo, pero también caminas por ella como parte de la tierra. Así pues, al recuperarte a ti mismo, recuperas el mundo.

Vivir con la lección

Los magos no desaconsejan hacer el bien. Desapego no es lo mismo que indiferencia.

–Cuando veas sufrimiento, ve y alívialo –dijo Merlín–, pero asegúrate de que luego no te vayas con el sufrimiento pegado a ti.

Este consejo apunta directamente al corazón de la compasión. La raíz de la palabra «compasión» es «sufrir con» y así es como la interpretamos la mayoría de nosotros. Suponemos que una persona compasiva ha asumido el sufrimiento de otra, pero si eso fuera verdad, la compasión multiplicaría por dos el sufrimiento del mundo en lugar de aliviarlo.

La verdadera compasión no es negativa. Uno es capaz de sentir el dolor ajeno pero continuar estando seguro en el espíritu. La tierra se comporta así con nosotros. Aunque el drama de los asuntos humanos se interpreta en el escenario de la tierra, derramando nuestra sangre en sus campos y construyendo riqueza en sus costas, la tierra permanece desapegada. Los bosques, los campos, las costas y las montañas no suben y bajan por nuestra causa.

Si no aceptas que la tierra tiene espíritu, este desapego se vuelve indiferencia. En nombre de la indiferencia, se está expoliando la tierra. La compasión por la tierra es sólo posible cuando unes tu espíritu al suyo.

¿Qué se necesita para unirse al espíritu de la tierra? El presente libro es un intento de dar respuesta a esta pregunta. El camino del mago empezó en el mito, en la memoria profunda de la humanidad, cuando todavía éramos mecidos en bosques primordiales. Merlín representaba entonces un espíritu natural dotado de gran magia y poder. Hoy día no existen espíritus naturales porque los mortales decidieron separarse de la naturaleza. El viejo impulso de vivir dentro de la naturaleza cedió ante el impulso contrario, el de conquistarla.

Este impulso se ha agotado hasta rozar el desastre. El retorno a la naturaleza se está buscando desesperadamente por todas partes, quizá a última hora. Los magos nunca se separaron de la naturaleza, de manera que no tienen nada a donde retornar. Esperan para darnos la bienvenida cuando volvamos al espíritu.

Sus secretos revelan que, si quieres reunirte con la naturaleza, la senda que has de seguir consiste en recuperar tu propia naturaleza, que es la conciencia pura. No hay nada «ahí fuera» excepto un espejo para lo que hay «aquí dentro». Si quieres volver a casa, tienes que comprender que «casa» es este momento presente.

Todo el poder y la realización que anhelan los seres humanos existen en el momento presente. En el ahora hay una energía tremenda, más de la que pueda imaginar la mente. Nada podría estar más cerca, pero nada se escapa más deprisa. Ése es el misterio y la paradoja. Para resolverlos, tienes que darte cuenta de que *tú eres este momento*. Todo el poder que está presente aquí debe encontrarse dentro. Todo el mundo tiene algunos días llenos de energía, excitación y optimismo, y otros días en los que privan la fatiga, la confusión y el pesimismo. ¿Cuál es la causa de esta diferencia? Algunas personas piensan que la respuesta reside en los ciclos corporales, o en la acción de fuerzas fortuitas, o en el destino, o en la suerte. Pero los magos dicen que la respuesta se encuentra en tu capacidad de estar presente. Cuando estás en el momento, tocas la fuente de la vida. El tiempo mismo fluye de este momento y de ningún otro. Por tanto, si quieres cabalgar en la cresta del tiempo, necesitas toda la energía que puedas conseguir, y esa energía se encuentra dentro del momento.

Uno no puede por menos de preguntarse cómo el momento presente pudo irse alguna vez. Puedes responder a esta pregunta tú mismo con un sencillo ejercicio. Siéntate durante un segundo y considera cómo funciona la memoria. Cuando ves la cara de una persona pero no logras recordar cómo se llama, ¿qué haces? Si te esfuerzas por recordar el nombre, el esfuerzo mismo parece bloquear el poder de recordación. Pero todos hemos experimentado cómo un nombre o un hecho que habíamos olvidado se nos acude de pronto cuando no tratamos de recordarlo. Parece que dejemos de esforzarnos para que el poder de recordación entre en funcionamiento.

El deseo funciona de la misma manera, aunque son menos las personas conscientes de su mecánica. Debido a que todos queremos cosas, es fácil caer en la trampa de trabajar, preocuparnos y esforzarnos constantemente por obtener lo que queremos. Sin embargo, los magos dicen que si aflojas, la mecánica del deseo se cuida de sí misma. Esto parece misterioso, pero considera lo siguiente: ¿sabes realmente cómo los recuerdos perdidos vuelven a ti? Tu mente consciente no puede forzarte a recordar cosas, pero la mente es muy capaz de recuperar cualquier cosa y todo lo que haya conocido alguna vez.

De forma muy parecida, tu mente consciente no puede comprender cómo el universo hace que los deseos se vuelvan realidad. Y del mismo modo que la persona que se esfuerza inútilmente por recordar un nombre, las personas tratan frenéticamente de cumplir sus deseos y nunca se dan cuenta de que el esfuerzo es el problema y no la solución. De estos extremos ya hemos hablado en el presente libro, pero me gustaría introducirlos nuevamente en un nivel más profundo. En este momento mismo eres un mago. Te has perfeccionado en el espíritu; nunca te has separado de Dios ni de la naturaleza. Lo único que ha sucedido es que, en tu lucha por no sentir dolor, has empezado a bloquear el momento presente. La memoria y el deseo velan el espíritu. Lo velan porque hace mucho tiempo empezaste a temer por tu seguridad aquí en esta tierra. La inseguridad es el motivo para atacar a la tierra, porque si confiáramos en que se nos nutre y defiende, ninguno de nosotros se pondría tan histérico en relación con la supervivencia.

–Confía en la confianza, ten fe en la fe –dijo Merlín–. Ésa es la única solución cuando has perdido la confianza y la fe.

En el fondo de nosotros mismos, cada uno de nosotros no es nada salvo confianza. Ser y amar son también partes innatas de nosotros mismos, pero es la confianza la que nos permite respirar tranquilos, aceptar el espíritu de la tierra como propio. Y la técnica para recordar esto es tan fácil como la técnica para recordar cualquier otra cosa. Permítete a ti mismo dejar de pensar que luchar es la respuesta. Aprecia en silencio la vida que te recibe a cada momento. Con esta aceptación callada viene la tremenda energía que se oculta en el presente, y en esa energía hay abundancia, paz, inteligencia y creatividad. Todo esto son dones del silencio envuelto dentro del espíritu de la tierra.

Tercera parte

Los siete pasos de la alquimia

En los tiempos del rey Arturo ninguna búsqueda despertaba más pasión que la del Santo Grial. Cada uno de los caballeros vasallos de Arturo soñaba con hacerse con la elusiva presa, que traería la protección y la bendición de Dios para su rey. Ver caballeros haciendo penitencia para recibir una visión del Grial era algo frecuente, y los pintores competían por hacer que cada representación de la Última Cena fuese más espléndida que la anterior.

–Es casi imposible convencer a los mortales de que las búsquedas nunca tienen por objetivo cosas externas, por más que sean sagradas –había dicho una vez Merlín a Arturo.

Arturo recordaba aquellas palabras siempre que la fiebre del Grial alcanzaba su apogeo, cosa que solía ocurrir en los largos y sombríos meses de invierno, cuando los caballeros se sentían aburridos e inquietos. Los más jóvenes en especial siempre estaban ansiosos por salir en busca del Santo Grial o del castillo de Monsalvat o de cualquier lugar, mítico o real, donde pudiera estar el Grial.

El rey se mantenía apartado de aquel fervor.

–Si queréis ir... –solía decir, y su voz iba apagándose poco a poco.

–¿Qué? ¿No crees en el Grial? –preguntó impetuosamente sir Kay.

Como en otro tiempo se le había considerado hermano del rey, antes de que Arturo arrancara la espada de la piedra, Kay se tomaba libertades que nadie más osaba tomarse.

–¿Que si creo? Supongo que tendría que decir que sí creo –contestó Arturo sin alzar la voz–, pero no de la forma que tú piensas, no de la forma en que crees tú.

La respuesta fue demasiado sutil para Kay, que se mordió los labios para no hacer una pregunta más insolente.

–¿El Grial existe de verdad, mi señor? –preguntó Galahad en tono mucho más tranquilo.

–Por tu forma de preguntármelo, diríase que piensas que yo lo he visto –dijo Arturo.

–No sé si creerlo o no yo mismo –repuso Galahad con voz vacilante–, pero corren rumores.

–¿Qué clase de rumores?

–Referentes a Merlín. Dicen que él mismo trajo el cáliz de Tierra Santa, donde había permanecido escondido durante muchos siglos.

Arturo reflexionó un poco sobre lo que acababa de oír.

–Al igual que en todos los rumores, hay un granito de verdad en éste.

Los cortesanos dieron muestras de cierta agitación, pues era la primera vez que el rey admitía alguna relación con el tesoro con el que todos soñaban. Pero Arturo no dijo nada más.

Una noche de principios de primavera, cuando los campos se estaban deshelando y junquillos no más largos que una uña de pulgar habían florecido entre los marchitos eléboros negros, pudo verse una hoguera a gran distancia de las murallas del castillo. Sentados ante ella se encontraban sir Percival y sir Galahad, que habían prometido emprender juntos un retiro piadoso. Era demasiado pronto para efectuar un retiro de aquella clase en lo más hondo del bosque, donde las últimas nieves del invierno seguían apilándose en sucios ventisqueros bajo la sombra de los árboles, de manera que los dos caballeros rezaban y ayunaban en una tienda pequeña a la vista de los aposentos del rey.

–Una vez confundí mi sueño de encontrar el Grial con un capricho infundado –empezó diciendo Percival–. Todo caballero quiere ser el primero entre los paladines, pero durante años he vuelto la espalda a mi deseo, pensando que era un juguete de mi orgullo. Pero te aseguro, Galahad, que mi alma arde por esta cosa.

–El rey dice que no es una cosa –le recordó el otro caballero, que era más joven que él.

–También dice que Merlín la trajo a Inglaterra. Tú mismo se lo habrás oído decir, ¿no es cierto?

En la voz de Percival había un tono de desafío, y Galahad se limitó a asentir con la cabeza. Pensó que a veces la plegaria y la penitencia encendían más fuegos de los que apagaban. Desde luego, Galahad tuvo que reconocer que compartía el creciente deseo de Percival.

–Si alguien está destinado a encontrar el Grial, sin duda tiene que ser uno de nosotros –dijo, arrojando un poco de maleza seca a la hoguera y observando la llamarada que producía–. Somos la única banda de caballeros que verdaderamente vive para proteger la paz y no sólo para saquear la campiña y sembrar el terror. No sé si mi corazón es lo bastante puro como para obtener el Grial, ya que no soy tan vanidoso o estúpido como para creer que tiene que caer en mis manos, pero mi corazón estará dolorido hasta que lo intente.

En ese momento los dos hombres oyeron pasos que se acercaban y hacían crujir la delgada capa de hielo que aún cubría el suelo cerca de donde se encontraban. Adoptaron una postura tensa, esperando que el desconocido se identificara, cuando una voz ligeramente burlona dijo:

–No temáis y os ruego que me concedáis permiso. Necesito una hoguera, si tenéis la bondad de compartir la vuestra.

Percival miró a Galahad y luego se volvió hacia las tinieblas.

–Iros a otra parte y preparad vuestra propia hoguera. Éste es el retiro de dos caballeros que no deben tener trato alguno con las impurezas del mundo durante algún tiempo.

La respuesta fue una risa burlona.

–¿Decís que prepare mi propia hoguera? Pues eso mismo haré.

Antes de que las palabras se apagaran del todo, Percival se levantó de un salto, alarmado al ver que surgían llamas del suelo bajo sus pies. Galahad miró a su alrededor con ojos asombrados y vio que ahora les rodeaba un círculo de fuego, surgido de la misma tierra helada. Antes de que pudiera soltar una exclamación, una figura alta, descarnada como un abeto viejo, cruzó las llamas y se acercó a ellos.

–Merlín –dijo Galahad, dominando sus emociones–. ¿Qué te trae por aquí después de tan larga ausencia?

–No tu insolente amigo –repuso Merlín, mirando a Percival, que trataba de conservar los jirones de dignidad que puede conservar un hombre cuando tiene el trasero en llamas–. Sentaos, sentaos –indicó el mago.

Percival notó que el dolor desaparecía y se sentó al lado de Galahad, con Merlín delante de ellos dos. Ninguno había visto jamás a Merlín, pero la descripción de Arturo había sido fiel hasta las zapatillas bordadas de gastado fustán negro que calzaba el mago.

–No me miréis fijamente –dijo Merlín–. Estoy pensando.

–¿En qué? –preguntó Percival.

–Y no me interrumpáis –fue lo único que contestó el mago. Al cabo de un momento su expresión más bien glacial se suavizó–. Sí, creo que me estáis diciendo la verdad. Ahora el único problema es saber lo que hay que hacer al respecto.

–¿La verdad sobre el Grial? –preguntó Galahad–. Desde luego, queremos seguir esta búsqueda.

Merlín le examinó con aire de aprobación.

–Me has reconocido sin necesidad de necias presentaciones y ahora casi puedes leer mi pensamiento. Muy prometedor –dijo Merlín.

Empujado por su modestia natural, Galahad bajó los ojos y esperó que Percival no le tuviese envidia por el elogio que acababa de recibir sin pedirlo.

–Vuestro rey dijo la verdad, ¿sabéis? –continuó Merlín–. El Grial no es una cosa que puedas perseguir montado a caballo, como si se tratara de un zorro. No está hecho de oro ni de joyas y, por tanto, a nadie beneficia guardarlo en secreto. Y poseerlo no confiere la bendición de Dios, como tampoco la confiere no poseerlo.

Percival, que daba muestras de creciente agitación, finalmente le interrumpió:

–¿Cómo puedes decir eso? El Grial *tiene* que conferir la bendición de Dios.

Merlín le hizo callar con una mirada cortante.

–Mi querido zoquete, si todo este mundo es creación de Dios, ¿cómo podría alguna parte de él, por remota, pequeña o insignificante que fuese, ser menos bendita que otra?

–Pero el Grial existe, ¿no es así? –preguntó Galahad–. El rey nos dijo que tú eras su protector.

Merlín hizo un gesto de asentimiento con la cabeza.

–Protejo lo que no necesita ninguna protección. Guío la búsqueda que no puede llevaros a ninguna parte, y al final estaré allí cuando encontréis el Grial, aunque no me veréis a mí ni veréis el Grial.

Merlín pareció sentirse complacido con el acertijo y tranquilamente emitió una bocanada de humo, como si ya se hubiese descubierto el tabaco.

De pronto, Percival se levantó.

–Bueno, si yo soy el zoquete aquí, permitidme que me vaya.

La expresión de Merlín se suavizó un poco.

–Eres lo que eres, lo cual parece ser suficiente a ojos de Dios y bastante raro en este mundo sin esperanza –musitó–. Ocupa tu lugar, si tienes la bondad.

Percival, un poco hosco todavía, obedeció la cortés indicación.

–No he venido a vuestra hoguera por casualidad. Estoy aquí para guiaros hasta el Grial –declaró Merlín–. Hay una regla que no se puede desobedecer: cuando el alumno está preparado, el maestro aparece. Lo que deseáis saber os lo puedo enseñar. Mis primeros comentarios no han sido descorteses ni místicos. Lo único que quiero es que os quitéis de la cabeza los sueños errados que haya en ella sobre el objeto de vuestra búsqueda.

Merlín hizo un movimiento con la mano y el anillo de fuego perdió intensidad hasta quedar reducido a un fulgor mortecino que apenas permitía verle las facciones. Los dos caballeros le veían principalmente como una larga sombra que coronaban los cabellos blancos iluminados por la luna creciente.

–La búsqueda que tiene al Grial por premio no es un viaje de la clase que los caballeros ignorantes anhelan emprender. Es un viaje interior, una búsqueda de transformación. ¿Os han hablado a ambos de esta cosa que llaman «alquimia»? –Percival y Galahad asintieron con la cabeza, tenues figuras perfiladas por la oscuridad más intensa–. La alquimia es el arte de la transformación –prosiguió Merlín–, y cuando se han conseguido sus siete pasos, entonces y sólo entonces podréis llamar al Grial.

–¿Siete pasos? –preguntó Percival–. Entonces es que, después de todo, el Grial está hecho de oro, porque sé que los alquimistas...

–Telarañas y tonterías. Vosotros sabéis poco o nada de este arte, pero, pese a ello, lo habéis practicado todos los días desde que nacisteis –repuso Merlín–. Todo bebé nace alquimista, luego pierde el arte, sólo para recuperarlo más adelante.

Percival comprendió que el mago recurriría a los acertijos si él persistía en dudar de sus palabras. Así pues, el caballero optó prudentemente por sentarse de forma cómoda y escuchar.

–El mayor despilfarro que puede hacerse en la existencia –dijo Merlín– es el despilfarro del espíritu. Todos los mortales venís al mundo para buscar el Grial. Nadie nace más privilegiado que otro; un mago se encarga de que todo el mundo sea creado para alcanzar la libertad y la realización.

–¿Acaso no soy libre ya? –preguntó Percival.

–En el sentido más sencillo de la palabra, sí, toda vez que no estás preso en ninguna parte, pero me refiero a la libertad en un sentido más hondo: la capacidad de hacer cualquier cosa que quieras hacer en el momento en que desees hacerla –contestó Merlín–. Y hay niveles todavía más profundos. Reconoceréis que en todo momento sois cautivos del pasado... vuestros recuerdos crean el condicionamiento que literalmente gobierna vuestra vida. Si fuerais libres del pasado, podríais penetrar en infinitas posibilidades y romper la barrera de lo desconocido en todo momento.

El Grial no es más que una promesa visible de que tal perfección existe. ¿Entendéis?

El mago, que ya se había entusiasmado con su tema, no esperó su respuesta afirmativa.

–He dicho que hay siete pasos de la alquimia en el camino que lleva a la libertad y la realización. El primer paso empieza al nacer, los siguientes se dan durante la infancia y los demás dependen de vosotros. De acuerdo con el plan divino, se os cuida en todo momento, pero al crecer, a vuestra voluntad y a vuestro deseo propios les está permitido aumentar. Cuando erais bebés, erais lo bastante puros como para haceros con el Grial, pero demasiado ignorantes para conocer la existencia del mismo. Cuando sois adultos, conocéis el objetivo, pero ya habéis cerrado el camino para encontrarlo. La introducción del libre albedrío fue lo que os hizo perder el Grial, mas es también el medio que os permitirá recuperarlo al final.

Temiendo que Percival empezase a poner reparos, Galahad se apresuró a preguntar:

–¿Nos enseñarás los siete pasos?

Merlín dejó que una leve sonrisa de inteligencia pasara por sus labios antes de asentir con la cabeza.

Primer paso: La inocencia

–Nacisteis en estado de inocencia. De todos los ingredientes que usa el alquimista, éste es el más importante. Un bebé recién nacido no pone en duda su existencia; vive en la aceptación de sí mismo, la confianza y el amor. Todavía no se deja oír la insistente voz de la duda.

»Cuando miráis los ojos de un bebé, veis en ellos muy poca individualidad. La pregunta "¿Quién soy yo?" no tiene ningún sentido para un recién nacido. En vez de ello, lo que brilla es la conciencia misma, que es la fuente de toda sabiduría. Un bebé llega a este mundo procedente de la fuente misma de la vida, y se separa de esa fuente poco a poco. Durante un tiempo el bebé permanece bañado en lo intemporal. No tiene ningún concepto del pasado ni del futuro, sólo de un presente que se va desdoblando. Esto es lo que significa vivir en la eternidad, porque, ¿qué es lo eterno si no el momento presente renovándose de manera constante? La promesa misma del Grial, la vida inmortal, ya la está disfrutando el bebé, puesto que vivir en lo intemporal es el secreto de la inmortalidad.

–Si eso es cierto –dijo gravemente Galahad–, ¿por qué no somos todos inmortales desde que nacemos?

–Semillas y tendencias –repuso Merlín–. Todo bebé tiene tendencia a pasar del mundo intemporal al mundo de las horas y los días y los años, del silencio del mundo interior a la actividad del mundo exterior, de la absorción en uno mismo a la absorción en todas las cosas fascinantes que le rodean. Observad a un niño durante las primeras semanas de su vida. Podréis ver cómo llama su atención este asombroso y nuevo mundo en el que se encuentra. Y así comienza la alquimia, la transformación constante que habrá debajo de cada aliento que tome durante todos los años venideros.

»Un bebé no es un ángel... su pureza es efímera. Un bebé siente por dentro las primeras punzadas de la ira y el miedo, la desconfianza y la duda. Al dejar su estado de inocencia, el bebé entra en un mundo más severo, un mundo de chichones y magulladuras. Nacen deseos que no se satisfacen inmediatamente; se experimenta el dolor por primera vez.

»Los mortales llamáis a eso «la caída de la gracia», pero os equivocáis. La gracia actúa en todos los pasos de la existencia humana, aunque vuestra percepción, por ser limitada, quizá os impida verlo.

–¿Por qué alguna parte de esta triste historia es análoga a la alquimia? –preguntó Percival, todavía escéptico.

–Porque actúa una magia oculta –contestó Merlín–. Al crecer el bebé, su inocencia original no se pierde en realidad. Lo que sucede es algo más misterioso. La inocencia permanece intacta en un estado de pureza y totalidad que sencillamente olvidáis. Ahora vivís en fragmentos. Para vosotros, el mundo está limitado; vuestro sentido del yo se encuentra atado en las experiencias y recuerdos individuales que habéis acumulado.

»Al olvidar la totalidad, pareció que perdíais a quienes erais, pero fue una ilusión. No sentís ni actuáis como un recién nacido, pero su esencia permanece. De hecho, la totalidad no puede dividirse en fragmentos; a la verdad no le puede hacer daño la falsedad. Vuestra pérdida de inocencia fue un acontecimiento real que al mismo tiempo no tiene ninguna realidad en absoluto. Las fuerzas de la alquimia actúan más allá de lo que podéis ver, oír o tocar.

–¿Cómo puedo saber que esta inocencia está realmente allí? –preguntó Galahad.

–Si deseas ponerte en comunicación con la inocencia que hay dentro de ti, busca las características del recién nacido: viveza, curiosidad, sentido de lo maravilloso, seguridad de que se te quiere en esta tierra, sensación de vivir en la paz perfecta de lo intemporal. Todos los bebés sienten estas cosas.

Segundo paso: El nacimiento del ego

–El siguiente paso –prosiguió Merlín– anuncia la llegada a escena del ego, el sentido del «yo». Para tener «yo», también debéis tener «tú» o «ello». El nacimiento del ego es el nacimiento de la dualidad. Señala el principio de los antónimos y, por ende, el comienzo de la oposición. Cada nuevo paso de la alquimia destruye al que lo precedió y pone al revés tu viejo mundo, pero esta revolución es quizá la que más conmociona. ¡Ya no eres un dios!

»Imaginad un ser que se siente omnipotente en su mundo. Mire a donde mire, todo lo que ven los ojos es un reflejo de él mismo. De pronto, las personas y las cosas empiezan a verse como creaciones aparte. Ninguno de vosotros recuerda este acontecimiento demoledor porque ocurrió en los primeros tiempos de la infancia. Sin embargo, fue un cambio trascendental que equivalió a nacer de nuevo. Erais felices como dioses, ahora nacéis en la mortalidad.

–Fue nacer al dolor también –dijo Percival–. ¿Fue este paso absolutamente necesario?

–Oh, sí. Semillas y tendencias, como ya os he dicho. Cuando la curiosidad de un bebé atrae su atención hacia el exterior de sí mismo, ¿qué es lo que ve? En primer lugar, el rostro de su madre. En el plan de la naturaleza, un bebé responderá automáticamente a su madre como fuente de amor y nutrición. Pero es una fuente situada *fuera del bebé mismo*. Ahí está la trampa, porque, por perfecto que sea el amor materno, no es amor a uno mismo, y durante muchos años suspirarás a causa de la pérdida del amor perfecto, sólo para darte cuenta de que añoras a tu propio yo antes de que alguien más apareciese en escena.

»Al principio no había separación. Cuando el bebé tocaba el pecho de la madre, la cuna o la pared, todas estas cosas parecían formar parte de una única sensación que fluía sin divisiones. Sin embargo, pronto todo bebé se percata de que hay algo más que él mismo: el mundo exterior. El ego dice: "Esto es yo, eso no es yo". Luego, poco a poco, ciertas cosas pasan a identificarse con "yo": mi mamá, mis juguetes, mi hambre, mi dolor, mi cama. En cuanto surgen preferencias, hay todo un mundo que no es yo: no mi mamá, no mis juguetes, etcétera.

–No logro acordarme de este nacimiento, como tú lo llamas –dijo Percival–. Pero si lo que dices es correcto, debe de ser aquí donde empezó la búsqueda del Grial. ¿En qué otro lugar empezaría si no en la separación?

–Sí, siempre y cuando te sintieras a ti mismo como divino, no hubo ninguna necesidad de una búsqueda por recuperar la bendición de Dios –asintió Merlín–. En la separación empezaste a buscarte a ti mismo en los objetos y los acontecimientos. Perdiste la capacidad de verte a ti mismo como la fuente verdadera de todo lo que es. Porque el bebé no se equivocaba al verse a sí mismo como la fuente de la vida. Cuando empezaste a explorar el mundo exterior y sus objetos se volvieron fascinantes, ligaste tu felicidad a ellos.

A esto lo llamamos «referencia al objeto», que vino a sustituir la referencia del bebé a sí mismo.

–¿Y este paso no se perdió tampoco cuando el niño continuó avanzando? –preguntó Galahad.

–Nada se pierde jamás. El nacimiento del ego dio origen a aspectos que todavía puedes sentir en ti mismo: el miedo al abandono, la necesidad de aprobación, el espíritu posesivo, la angustia de la separación, la preocupación por uno mismo, la lástima de uno mismo. Te convertiste en adicto al mundo, y sigues siéndolo, porque dejaste de realizarte de aquella manera sencilla en que se realiza un bebé. Mas no desesperes, porque debajo de estos cambios actuaba una fuerza más profunda.

Tercer paso: El nacimiento del triunfador

–Una vez tienes ego –siguió diciendo Merlín–, tienes un mundo «ahí fuera», y aparece una nueva tendencia, el impulso de salir al mundo y triunfar. Las primeras señales de este cambio son primitivas. El bebé quiere agarrar cosas y retenerlas; quiere explorar por cuenta propia, asegurándose siempre de que su madre está cerca de él. Pronto quiere andar y empieza a protestar si su madre no se lo permite. Este deseo de escapar e ir de un lado para otro es tímido al principio. Pero con el paso del tiempo el mismo bebé que anhelaba que lo abrazaran y protegiesen llora para que lo suelten. Se trata de un instinto saludable, porque el ego sabe que lo desconocido es la fuente del miedo. Si el bebé no saliese a conquistar el mundo, crecería temiéndolo cada vez más.

»Nos estamos alejando progresivamente de la sensación de paz, unidad y confianza con la que naciste. El ego empieza a dominar al espíritu. Cuando el bebé explora el interior para palpar lo que hay en él, ya no encuentra conciencia pura, sino un remolino de recuerdos. Las experiencias se vuelven personales y nunca más volverán a compartirse plenamente.

–Otra historia triste –se lamentó Percival.

–Si terminara aquí, sí –dijo Merlín–. Pero el nacimiento del triunfador te dio confianza en un sentido de singularidad. Este mundo de objetos y acontecimientos trata de una cosa: volverse individuo. Para eso el ego es necesario, al menos en la senda que habéis elegido los mortales.

–No todo el mundo triunfa. ¿Es éste un paso necesario? –preguntó Galahad.

–No todo el mundo valora el éxito por encima de todo lo demás o se identifica con el dinero, el trabajo y la posición social –contestó Merlín–. Pero el impulso del triunfador es más sencillo, más básico que eso. Es la señal del ego en acción, probándose a sí mismo que la separación es soportable. De hecho, el nacimiento del triunfador hace que éste sea un mundo gozoso lleno de cosas que hacer y aprender. En algunas personas el triunfador durará mucho tiempo. La sed de fama y fortuna aplastará al verdadero propósito de la búsqueda. Pero Dios permite el libre albedrío completo, y si una persona decide que el mundo de «ahí fuera» es más importante que ella misma, forzosamente nacerá un anhelo de fama y fortuna.

»El ego, tal como lo ve el mago, no ofrece ninguna posibilidad de realización, ninguna en absoluto. El ego controla y carece de amor. "Escúchame", dice, "y coge todo lo que puedas para ti mismo. Por este camino se va a la felicidad". Todos los mortales seguís ese consejo durante un tiempo. Y nada malo hay en ello desde el punto de vista de Dios, toda vez que la confianza divina en el libre albedrío resulta ser el rumbo más acertado.

»No hace falta que os diga que este tercer paso permanece con vosotros, porque mientras el ego esté presente, el triunfador también estará presente. El triunfador nunca satisface sus apetitos. Después de todo, las experiencias que puedes amasar no tienen límite; el mundo es infinito en su diversidad. Pero el ego, al crecer, asfixia al espíritu con capas de cosas tales como la riqueza, el poder, la propia imagen, hasta que una vocecita empieza a preguntarse: "¿Dónde está el amor?". "¿Dónde está el ser?" El cuarto paso, un nacimiento más, se halla cerca.

–Con el tiempo el ego encuentra una idea nueva –añadió Merlín–, que la felicidad no reside sólo en tomar, sino también en dar. Éste es un descubrimiento trascendental, ya que libera al ego de muchas clases de miedo. Existe el miedo al aislamiento, al que forzosamente conduce el egoísmo total. Existe el miedo a la pérdida, que nace porque no puedes conservarlo todo para siempre. Existe el miedo a los enemigos, los que quieren quitarte cosas.

»Al convertirse en dador, el ego no tiene que vivir con estos temores, al menos no tanto como antes. Un problema persistente ha quedado resuelto. Pero hay algo más profundo que actúa también. La acción de dar relaciona a dos personas, la que da y la que recibe. Esta relación hace que nazca un nuevo sentido de la pertenencia, que no es la pertenencia pasiva del bebé que automáticamente pertenece a la madre, sino la pertenencia activa de alguien que ha aprendido a crear felicidad.

»La acción de dar es creativa. También hace que la perspectiva del ego dé una vuelta completa. Antes de que naciera el dador, guardarse de las pérdidas era importantísimo. Esto significaba la pérdida de dinero y de posesiones, pero también la de imagen propia, la de importancia. Ahora la persona se desprende libremente de algo, pero no tiene *sensación* de pérdida. En vez de ello, el ego siente placer. ¡Qué sorpresa!, puesto que el placer de tomar nunca fue como esto.

Galahad se quedó pensativo.

–El amor ha entrado en el corazón. Ésa es la diferencia.

–Sí –dijo Merlín–. Mientras el ego persigue el interés propio, no siente amor. Puede sentir intensamente placer, satisfacción propia o apego. A veces a estos sentimientos se les llama «amor», pero el amor es de naturaleza abnegada, y se necesita un acto de abnegación para hacer que surja el amor. La acción de dar no se limita a dar dinero o cosas a otra persona. Existe también el servicio, el darse uno mismo, y la devoción, la acción de dar amor bajo su forma pura.

»Por todas estas razones, el nacimiento del dador produce una sensación de novedad y liberación. Aunque el ego continúe dominando, ha empezado a mirar fuera de sí mismo. La mayoría de las personas aprenden el placer de dar cuando son niños pequeños; la mayoría de los padres enseñan a sus hijos a compartir cosas con otros niños. Sin embargo, puede que el verdadero nacimiento del dador no se produzca hasta mucho más tarde. Mientras des porque te lo ordenaron, o porque piensas que es lo correcto, no experimentarás el profundo placer de dar. La acción de dar tiene que ser espontánea, tiene que nacer de la opinión de que "Esto es lo que quiero hacer" y no de la de "Será mejor que haga esto".

–Cuando uno empieza a dar, ¿es ello señal de que el ego está muriendo? –preguntó Percival.

Merlín frunció el entrecejo.

–En la alquimia no existe la muerte. Nada tiene que perecer con el fin de alcanzar el Grial. Este viejo concepto de la muerte del ego supone que hay en ti cosas que Dios condena.

–Pero acabas de decir que el ego controla y carece de amor –objetó Percival–. ¿Forma eso parte del plan que Dios tiene para nosotros?

–El plan de Dios consiste en que te busques a ti mismo –dijo Merlín–. No estás destinado simplemente a alcanzar un objetivo fijo. Si quieres explorar cómo es ser egoísta o ignorante o asesino o carecer totalmente de fe, Dios permite todas estas experiencias. ¿Por qué no iba a permitirlas? Porque no eres juzgado, ninguna de tus acciones es buena o mala a ojos de Dios.

–Pero eso es escandaloso –dijo Galahad–. ¿Estás diciendo que un asesino y un santo son iguales?

–Son iguales si el pecador y el santo son sólo máscaras que te pones –repuso Merlín–. El santo de esta vida puede ser el pecador en otra vida, y el pecador de hoy puede que esté aprendiendo a ser santo mañana. Todos estos papeles son ilusiones a ojos de Dios. No estoy diciendo que debas obligarte a ti mismo a adoptar esta perspectiva. Sin embargo, me has pedido consejo y debo enseñarte lo que te espera en el camino.

–Durante mucho tiempo, al ego todo le ha salido como él quería –prosiguió Merlín–. La pregunta «¿Qué es bueno para mí?» ha dominado todas las consideraciones; el limitado punto de vista individual ha sido el único que parecía real. No deja de ser natural. Como he dicho, este mundo relativo tiene un propósito, que es enseñarte a convertirte en individuo. Pero a la larga la individualidad empieza a abrirse y a ensanchar sus horizontes. Podrías predecir que, de darles libre albedrío, los seres humanos no harían más que entregarse de modo creciente al egoísmo. Si el ego sin amor y controlador tuviera la última palabra, quizá éste sería tu destino, pero la alquimia obra de forma invisible, utilizando pasadizos de alma que no se ven.

»Con el tiempo el dador da el siguiente paso y se convierte en el buscador. En esta fase las viejas y conocidas preocupaciones del ego se apartan. Se permite que el sentido del "yo" aumente. Ahora la persona ansía experiencias espirituales y presiente una fuente de amor y realización que ni siquiera el amor más intenso de otra persona puede dar. También esta vuelta completa escandaliza. En el mejor de los casos, el que da es un filántropo. Empezó dando sólo a la familia y a los amigos, luego a instituciones benéficas o a la comunidad, pero al final el espíritu de dar no puede satisfacerse hasta que todos los seres humanos se beneficien.

»Pero ¿puedes realmente darte a todos los demás habitantes del mundo? Este interrogante te lleva al límite de la individualidad; es el interrogante al que sólo un santo puede responder. Así que es natural que la etapa de dar plantee interrogantes a los que no puede responder, con lo cual prepara el camino para un nuevo nacimiento. El dador que quería abrazar el mundo ahora se encuentra con que el mundo ya no es una fuente de realización. Cosas que antes le producían placer ahora empiezan a parecer insulsas; en particular, la necesidad que tenía el ego de aprobación e importancia propia ya no contribuye a producir satisfacción. Se empieza a sentir sed de ver el rostro de Dios, de vivir bajo la luz, de explorar el silencio de la conciencia pura: el impulso del buscador puede presentarse bajo muchas formas.

»Sin embargo, todos los buscadores comparten la sensación de que el mundo material no parece ser el lugar donde puedan realizarse sus deseos. ¿A qué se debe esto? ¿No está Dios en todas partes, no hay espíritu en el más diminuto grano de arena? Sí y no. Dios puede estar en todas partes, pero esto no te sirve de nada si no puedes ver dónde está. El buscador busca con el fin de ver.

–Pienso que *ésta* es la etapa en que empieza la búsqueda del Grial –dijo Galahad.

–Para algunos mortales, en efecto, éste es el momento en que el Grial se convierte en el símbolo de una profunda necesidad interior –repuso Merlín–, pero cada una de las etapas ha sido una búsqueda, incluso la caída desde la inocencia. A los mortales os obsesiona dividir la realidad entre el bien y el mal, el santo y el pecador, lo pío y lo impío, cuando la verdad es que la vida es un flujo divino. Un único impulso, el impulso de poseer conocimiento completo y realización completa, es lo que empuja la vida hacia adelante.

»No obstante, tienes razón en un sentido. Con el nacimiento del buscador, por primera vez podemos poner nombre a un deseo que hasta ahora no lo ha tenido. No importa si el nombre es Dios, el Grial, el Ser divino o el espíritu. Todos estos nombres apuntan a una necesidad nueva, profundamente sentida, la necesidad de escapar de los límites que imponen el tiempo y el espacio. Tu esencia es ilimitada. Naciste para vivir una vida universal. El mundo parece estar limitado por el tiempo y el espacio, pero eso es sólo una apariencia.

–¿Por qué tenemos que dejarnos engañar por las apariencias? –preguntó Percival.

–El universo no esconde nada a tus ojos –contestó Merlín–. No eres víctima de ningún engaño. La apariencia de limitación nace porque este mundo es una escuela, o un campo de instrucción. Y aquí la regla básica es que verás el mundo tal como te veas a ti mismo. Si te ves a ti mismo como deficiente o indigno, este juicio bastará por sí solo para evitar que Dios se acerque a ti. Puede que digas que quieres a Dios, pero al mismo tiempo quieres sostener estos juicios contra ti mismo.

–Así que Dios permanece alejado –dijo Galahad en tono dolorido–. Y la búsqueda del Grial no termina nunca.

Merlín le dirigió una mirada compasiva.

–El espíritu no podría permanecer alejado de ti aunque quisiera, porque todo es espíritu. No hay lugares secretos donde no viva. Por su parte, Dios no ve nada malo en ti.

»Deja que siga hablándote del buscador, porque ésta es la etapa de la alquimia que atrae el mago hacia ti, y es también la etapa para la cual menos preparados se encuentran los mortales. Desde que eras un bebé has deseado más y más. El buscador es sencillamente alguien cuyos deseos se han incrementado hasta tal punto que nada los satisfará salvo encontrarse con Dios cara a cara. Éste no es un deseo «más elevado» que querer juguetes, dinero, fama o amor. Los juguetes, el dinero, la fama y el amor *eran* el rostro de Dios cuando representaban las cosas más importantes para ti. Cualquier cosa que creas que te traerá paz y realización definitivas es tu versión de Dios. Sin embargo, al avanzar de una fase a la siguiente, te acercas más al objetivo real; tu imagen de Dios se vuelve más verdadera, más próxima a su naturaleza como espíritu puro. Sin embargo, cada paso es divino.

–¿Estás diciendo que alguien que quiera robar o cometer un asesinato está siguiendo un impulso divino? Después de todo, también son deseos –dijo Percival.

–El amor es universal y, por tanto, no toma partido –contestó Merlín–. Puede que al ego no le guste este hecho. Quizá dirá: «Yo me merezco el amor de Dios, pero aquella persona de allí, no». Ésta no es la perspectiva de Dios. El ladrón inflige pérdida de propiedad; el asesino inflige pérdida de vida. Mientras estas pérdidas sean reales para ti, tú, por supuesto, condenarás a la persona que las causa. Pero ¿acaso el tiempo mismo no acabará robándote la propiedad y la vida? ¿Quiere esto decir que también el tiempo es un delincuente? Hay una perspectiva que contempla el pecado como ilusión. Nada que tú llames «pecado» puede causar la más mínima mancha en el amor de Dios.

–¿Los buscadores obtienen automáticamente las visiones y experiencias que desean? –preguntó Galahad.

–Cada persona obtiene la versión de lo divino que ella concibe en su mente. Algunas ven a Dios en visiones, otras en una flor. Hay muchas clases de buscadores. Algunas requieren actos de intervención y redención milagrosos, otras siguen una fuerza invisible que habla en las ocurrencias más mundanales. Lo que motiva al buscador es sencillamente la sed de realidad superior. Esto no significa que desaparezca la etapa anterior, la etapa de dar. Pero ahora se da sin motivaciones egoístas, ahora lo que impulsa a dar es la compasión.

»Por primera vez se pone en duda la pretensión del ego de ser omnisciente y todopoderoso. El nacimiento del buscador, por tanto, puede ser sumamente turbulento. Imagínate a ti mismo como carruaje que un tiro de caballos arrastra por un camino. Durante la mayor parte del tiempo no hay ningún cochero y los caballos han terminado por creer que son los dueños del carruaje. Luego, un día, del interior del carruaje sale una voz suave que dice: "Deteneos". Al principio los caballos no oyen la voz, pero ésta repite: "Deteneos". Incapaces de dar crédito a lo que oyen, los caballos corren todavía más desenfrenadamente, sólo para probar que no tienen ningún amo. La voz interior no recurre a la fuerza; no protesta. Sólo continúa repitiendo: "Deteneos".

»Eso es lo que sucede dentro de ti. El carruaje es tu yo total, los caballos son el ego, la voz de dentro del carruaje es el espíritu. Cuando el espíritu anuncia su aparición en escena, al principio el ego no escucha, porque está seguro de que su poder es absoluto. Pero el espíritu no utiliza la clase de poder al que el ego está acostumbrado. El ego está habituado a rechazar cosas; está habituado a juzgar, a separar y a tomar lo que piensa que le pertenece. El espíritu es simplemente la voz tranquila del Ser, afirmando lo que es. Con el nacimiento del buscador, ésta es la voz que empiezas a oír, pero tienes que estar preparado para una reacción violenta del ego, que, después de todo, no renunciará a su poder sin luchar.

–¿Cómo termina alguna vez esta lucha si el espíritu no tiene poder? –preguntó Percival.

–He dicho que el espíritu no usa el poder tal como el ego lo conoce. Con el tiempo aprenderás que el espíritu no es nada más que poder, un poder de alcance infinito. Es un poder organizador que hace que cada uno de los átomos del universo se mantenga en perfecto equilibrio. Comparado con él, el poder del ego es absurdamente limitado y trivial. Sin embargo, de esto no te darás cuenta hasta después de haber renunciado a la necesidad del ego de controlar, predecir y defender. Su poder se limita a estas tres cosas. Si tu ego pudiera renunciar a todo de una vez, no habría necesidad de pasos posteriores de crecimiento; el nacimiento del buscador sería suficiente.

»Mas no ocurre así. La voz del espíritu anuncia que hay una realidad superior. Ascender a esa realidad es otra cuestión.

–Pienso que los buscadores deben de ser raros, dada la dureza de la lucha –dijo Galahad–. Muchos de ellos deben de fracasar y perder la esperanza. ¿Es por eso que nacen tan pocos para obtener el Grial?

–Todo el mundo nace para obtener el Grial –le recordó Merlín–. La razón por la cual parece que los buscadores son raros es principalmente una cuestión de apariencias sociales. Buscar es una experiencia dirigida completamente hacia dentro. Por los signos externos no sabes quién busca y quién no busca. La sociedad no ofrece distinciones ni recompensas especiales al buscador, que tal vez se replegará totalmente hacia el aislamiento, dejando atrás la sociedad, o tal vez continúe llevando una vida de elevada posición.

–¿Cómo sabrá una persona que es buscadora? –preguntó Percival.

–Las señales interiores del buscador son las siguientes: la acción de dar pasa a estar motivada por el amor abnegado y la compasión, sin querer nada a cambio, ni siquiera gratitud; la intuición se convierte en una guía de confianza de la acción y sustituye a la estricta racionalidad; se captan visiones de un mundo no visto como la realidad superior; aparecen indicios de Dios y de la inmortalidad. Estas señales irán acompañadas de un goce creciente de la soledad, de la dependencia respecto de uno mismo en lugar de la aprobación social, de movimientos del Ser, y de la disposición a confiar. Las pautas adictivas comenzarán a desaparecer. La meditación y la plegaria pasarán a ser partes de la vida cotidiana. Sin embargo, mientras todas estas manifestaciones espirituales te apartan del mundo material, encontrarás, paradójicamente, una relación más profunda con la naturaleza, más bienestar en tu cuerpo y mayor facilidad en lo que se refiere a aceptar a los demás. Esto se debe a que el espíritu no es el antónimo de la materia. El espíritu lo es todo, y su aparición en tu vida hará que todas las cosas sean mejores, incluso las cosas que parecen ser los antónimos.

Sexto paso: El nacimiento del vidente

–Os dije –continuó Merlín– que la motivación del buscador era poder ver, y esto aparece pronto. El sexto paso, el nacimiento del vidente, está justo por debajo de la superficie de cualquier buscador. Por sí solo, buscar no lleva a la realización; vuestra vida sería insulsa y frustradora si no hicierais más que buscar sin encontrar. Por suerte, en el plan divino todos los interrogantes llevan consigo la correspondiente respuesta, todos los objetivos se encuentran en la fuente. Una vez te preguntes verdaderamente dónde está Dios, encontrarás la respuesta.

»No quiero engañaros aquí. El nacimiento del vidente es tan revolucionario como cualquiera de los pasos anteriores. Significa el fin del ego, el fin de toda identificación externa. Imaginaos que vuestra vida es una película que se proyecta sobre una pantalla blanca. Mientras estáis dominados por el ego, os concentráis en las imágenes que se mueven y las consideráis reales. Cuando el buscador hace su aparición en escena, empezáis a daros cuenta de la irrealidad de dichas imágenes. Mas con el nacimiento del vidente, os volvéis de cara a la luz. Ahora veis la imagen propia tal como es en realidad, una proyección insustancial a la que hace real la desesperada necesidad del ego de conceder importancia a la mente y el cuerpo limitados por el tiempo.

»El vidente ve lo que hay detrás de esta motivación y deja de aceptarla. En vez de veros a vosotros mismos como una envoltura de carne y hueso que aloja un espíritu –un fantasma dentro de una máquina–, os dais cuenta de que todo es espíritu. El cuerpo es espíritu que ha tomado una forma que los sentidos pueden palpar, ver y oler; la mente es espíritu bajo una forma que puede oírse y entenderse. El espíritu mismo, en su forma pura, no es ninguna de estas cosas y sólo puede percibirlo la intuición perfeccionada. Habréis oído decir que "los que lo conocen no hablan de Ello; los que hablan de Ello no lo conocen". Así es el misterio del espíritu.

–Pero ¿no estás hablando de ello ahora mismo? –preguntó Galahad, visiblemente confundido.

–No del modo que podéis pensar. Cuando hablo de una piedra, podéis verla y tocarla. Cuando hablo del espíritu, apunto hacia un mundo invisible. De ese mundo salen volando hacia nosotros flechas de luz que encienden nuestra alma, pero nosotros no podemos responder lanzando flechas de pensamiento.

–Todo esto resulta muy misterioso –musitó Percival.

–Una rosa sería misteriosa si sólo pudierais pensar en ella, sin experimentarla nunca. El espíritu es una experiencia directa, pero trasciende este mundo. Es silencio puro y rebosante de potencial infinito. Cuando adquirís conocimiento de cualquier otra cosa, adquirís conocimiento de algo; cuando adquirís conocimiento del espíritu, os convertís en el conocimiento mismo. Todos los interrogantes cesan porque os encontráis en el vientre de la realidad, donde todo sencillamente *es*. Cuando el ojo del vidente se posa en algo, este algo se acepta sencillamente tal como es, sin juzgarlo. No hay ninguna necesidad del ego de tomar o poseer o destruir. Al no haber miedo, no aparecen tales motivaciones, porque la necesidad de poseer nace de la carencia. Cuando no tenéis ninguna carencia que llenar, el simple hecho de estar en este mundo en vuestro cuerpo es el más alto objetivo espiritual que podéis alcanzar.

Percival y Galahad quedaron muy impresionados por esta parte del discurso de Merlín. Habían seguido los primeros pasos con atención, pero el ego, el triunfador y el dador eran cosas que ya conocían. Cuando el mago habló del buscador, los dos caballeros se vieron a sí mismos tal como eran en aquel momento. El vidente, sin embargo, les llenó de asombro, como si fueran exploradores que llegaran a la cumbre de una montaña y desde allí divisaran un horizonte nuevo y vasto que esperaban ver desde hacía mucho tiempo pero que aún no habían experimentado.

–Anhelo ser este vidente del que hablas –dijo fervorosamente Galahad.

Merlín asintió con la cabeza.

–Lo cual quiere decir que estás preparado. Para un mago existen sólo tres clases de personas: las que todavía no han experimentado el Ser puro, las que lo han probado y las que lo han explorado plenamente. Vosotros lo habéis probado y ahora queréis explorarlo. Para vosotros este mundo empezará a desaparecer como cosa sólida y a retroceder hacia el interior de la abrumadora luz del Ser. En una tierra lejana llamada India dicen que la vida corriente palidece ante Dios, como una bujía que parecía luminosa en una habitación oscura pero se vuelve invisible al sacarla a la luz del sol del mediodía. –Se volvió hacia Percival–. Y también te incluyo a ti en esta etapa, prescindiendo del juicio que imaginaras que me había hecho de ti.

Percival se puso muy colorado, luego tartamudeó.

–¿Cómo será esta nueva vida?

–Como siempre, dará la sensación de ser un nuevo nacimiento. El vidente se diferencia del buscador en que ya no tiene que escoger con cuidado. El buscador continúa envuelto en una ilusión cuando va por ahí diciendo: «Aquí es donde está Dios, aquí es donde Dios no está». El vidente, en cambio, ve a Dios en la vida misma. La larga guerra interior ha terminado por fin, y el guerrero encuentra descanso. En vez de lucha experimentáis la realización natural y sin esfuerzo de todos vuestros deseos. No hay señales externas que indiquen quiénes son los videntes que se mueven entre nosotros, mas por dentro se sienten abiertos y felices, permiten que los demás sean quienes serán, lo cual es la forma más elevada de amor, y no ponen ninguna obstrucción en el camino de las demás personas y de los acontecimientos, y han renunciado a todo sentido pequeño de «yo».

SÉPTIMO PASO: EL ESPÍRITU

–Es difícil imaginar que pudiese haber alguna etapa superior de la vida –dijo Galahad al cabo de un momento, profundamente conmovido por la descripción del vidente que Merlín había hecho.

–Ten cuidado con la palabra «superior» –advirtió Merlín–. Es el ego el que debe tener alto y bajo. El objetivo de vuestra vida es la libertad y la realización. La realización no se alcanza hasta que conocéis a Dios tan completamente como él se conoce a sí mismo. Los mortales estáis siempre anhelando milagros, y yo os digo que el mayor de los milagros sois vosotros mismos, porque Dios os ha dado esta capacidad singular de identificaros con su naturaleza. Una rosa perfecta no se da cuenta de que es una rosa; un ser humano que se ha realizado sabe lo que significa ser divino.

–¿Este estado puede describirse? –preguntó Percival.

–Es el séptimo y último paso de la alquimia, el espíritu puro. Cuando se presenta, el vidente comprueba que lo que parece ser gozo y realización totales todavía pueden ampliarse. Veréis, llegar a la presencia de Dios no es el fin de vuestra búsqueda, sino el principio. Empezasteis en la inocencia, y del mismo modo terminaréis. Mas esta vez la inocencia es diferente, porque habéis adquirido conocimiento completo, mientras que un bebé sólo tiene sentimiento.

»Cuando puedas verte a ti mismo como espíritu, cesará tu identificación con este cuerpo y esta mente. Al mismo tiempo, cesará el concepto de nacimiento y muerte. Serás una célula en el cuerpo del universo, y este cuerpo cósmico será tan íntimo para ti como ahora lo es tu propio cuerpo. Eso es lo más que puedo acercarme a cómo se siente un mago, porque "mago" no es más que otra palabra para referirse a la séptima etapa.

»Debéis entender lo siguiente: para un mago el nacimiento es meramente la idea de que "tengo este cuerpo", y la muerte no es más que la de "ya no tengo este cuerpo". Como los magos no están sometidos a la ilusión del nacimiento, cualquier cuerpo que asuman se ve como una pauta de energía, y cualquier mente, como una pauta de información. Estas pautas cambian siempre; vienen y se van. Pero el mago mismo está más allá del cambio. La mente y el cuerpo son como habitaciones en las que uno podría optar por vivir, pero no todo el tiempo.

»Por más que se piense o sienta, es imposible aproximarse a este estado o traéroslo. El espíritu nace del silencio puro. El diálogo interior de vuestra mente debe terminar y no volver a empezar jamás, porque lo que dio origen al diálogo interior, la fragmentación del yo, ya no está presente. Vuestro yo será unificado y, al igual que el bebé que fue vuestro principio, no sentiréis ninguna duda, vergüenza ni culpa. La necesidad de dualidad del ego dio por resultado un mundo de bien y mal, correcto y equivocado, luz y sombra. Ahora veréis que estos antónimos se funden. Tal es la perspectiva de Dios, porque en todas partes donde mira, sólo se ve a sí mismo.

»Si pensáis que este objetivo es demasiado elevado o lejano, he aquí un secreto. Aunque parece que pasáis por los siete pasos de la alquimia, cada uno de ellos estuvo presente desde el principio. En la inocencia estaba la totalidad de Dios, como está en el ego o en triunfar o en dar o en buscar. Lo único que verdaderamente ha cambiado fue vuestro centro de atención. En vuestro ser están todos los aspectos del universo, tan completos y eternos como el universo mismo. Mas, pese a ello, nacer en el espíritu es un acontecimiento tremendo. Al madurar la unidad, os familiarizaréis más y más con lo divino, hasta que finalmente experimentaréis a Dios como un ser infinito que se mueve a una velocidad infinita a través de dimensiones infinitas. Cuando se produzca esta experiencia pasmosa, parecerá tan natural y sencilla como estar sentados aquí bajo las estrellas, pero cada una de las estrellas que bailan será tú mismo.

Como suele suceder cuando hablan los magos, los dos caballeros se sintieron transportados al estado que el mago se hallaba describiendo. Galahad alzó los ojos hacia el cielo nocturno y de pronto tuvo la sensación de que podía tocar las estrellas. Un sentimiento de pertenecer verdaderamente al mundo inundó su corazón.

–Estamos en casa –susurró Percival dirigiéndose a sí mismo.

–No tengáis miedo –musitó Merlín–. Estos sentimientos tienen tanta intensidad porque son nuevos para vosotros. En verdad, éste es vuestro estado natural. Estar unificado con el cosmos, en íntima relación con la vida en todas sus formas, alcanzar finalmente la unidad con vuestro propio Ser... éste es vuestro destino, el final de vuestra búsqueda.

–Al final volveremos al principio –musitó Galahad.

–Sí –dijo Merlín–. Cada uno de vosotros empieza con el amor, pasa por la lucha, la pasión y el sufrimiento, sólo para terminar en el amor otra vez. –La voz de Merlín se suavizó cuando el círculo de luz que les rodeaba perdió intensidad hasta casi desaparecer–. Los mortales anheláis milagros, como he dicho, y en calidad de hijos privilegiados del universo, nada se os negará. El espíritu es el estado de lo milagroso, que se os revelará en tres etapas:

»*Primera*, experimentaréis milagros en el estado que llamamos "conciencia cósmica". Todo acontecimiento material tendrá una causa espiritual. Todo suceso local tendrá lugar también en el escenario del universo. Vuestro menor deseo hará que las fuerzas cósmicas causen su realización. Por maravilloso que parezca, no es un estado tan avanzado, pues mucho antes de que alcancéis la conciencia cósmica estaréis acostumbrados a que vuestros deseos se realicen espontáneamente.

»*Segunda*, obraréis milagros en el estado llamado "conciencia divina". Éste es el estado de la creatividad pura, en el cual os fundís con el poder de Dios, por medio del cual Dios crea mundos y todo lo que sucede en esos mundos. Este poder no procede de nada que Dios haga... es sencillamente su luz de la conciencia. Como un resplandor vivo, dorado, veréis la conciencia divina brillando a través de todo lo que vuestros ojos contemplen. El mundo pasa a estar iluminado desde dentro, y no cabe ninguna duda de que la materia es simplemente espíritu hecho manifiesto. En la divina conciencia te verás a ti mismo como creador en vez de lo que ha sido creado, como el que da vida en lugar del que la recibe.

»*Tercera*, os convertiréis en el milagro, en el estado que se conoce por el nombre de "conciencia de la unidad". Ahora ha desaparecido cualquier distinción entre el creador y lo que es creado. El espíritu que hay dentro de ti se funde por completo con el espíritu que hay en todo lo demás. Tu retorno a la inocencia lo abarca todo, porque, al igual que el bebé que toca la pared o la cuna y sólo se siente a sí mismo, veréis toda acción como espíritu entrando en espíritu. Viviréis inmersos en un conocimiento y una confianza completos. Y, aunque parecerá que todavía residís en un cuerpo, será sólo un grano de Ser en las costas del infinito océano del Ser que eres tú mismo.

Los dos caballeros no tenían la menor idea de cuánto había durado la explicación de Merlín. Tenían la impresión de haberse visto elevados hasta un espacio donde las esferas del Ser se abrían unas tras otras como los pétalos de las flores. Y, al abrirse la última, pudieron ver a duras penas un diamante casi transparente girando en el centro. Galahad quiso preguntar qué era, pero no se atrevió.

–*Contemplad el Grial* –susurró Merlín–. El desenvolvimiento de vuestra búsqueda ha conducido a una visión del objetivo... el punto de luz pura, la esencia diamantina que arde dentro de vuestra alma. –Los dos caballeros se arrodillaron en el frío suelo y rezaron en su corazón para ser dignos de la visión–. Vivid en la devoción a este momento –dijo Merlín–. Os he guiado hasta aquí desde vuestro deseo más íntimo, pero ahora debéis ganar el verdadero Grial, y no sólo la visión del mismo, con vuestro propio esfuerzo.

–¿El verdadero Grial? –musitó Percival–. ¿Qué debemos buscar? ¿Esta misma imagen?

–No deis por sentado, no anticipéis –les advirtió Merlín mientras la visión del Grial empezaba a desaparecer–. El hombre busca símbolos, y los símbolos cambian de una época a otra. Mas lo que os he mostrado no es un símbolo, sino la verdad. El Grial es la partícula de cristal del Ser en vuestro propio corazón. Refleja débilmente la luz de sus facetas, y de esos débiles reflejos surgen todas las facultades de la mente y el cuerpo que vosotros percibís con vuestros sentidos. Como reflejos son reales, pero mucho más real es este diamante transparente de puro Ser.

Merlín bostezó inesperadamente, echando la cabeza hacia atrás como si fuera el acto más placentero del mundo. Estiró los brazos y se levantó. La oscuridad ya era casi total, pues el fuego se había apagado por completo, pero Percival y Galahad notaban los ojos de Merlín clavados en ellos. El mago dijo:

–Un día pensaréis en esta noche y preguntaréis: «¿Quién eres tú, Merlín?». Desde más allá del alcance del tiempo os respondo así: soy el que no tiene necesidad de milagros. Soy un mago, y para mí estar aquí es suficientemente milagroso. ¿Qué podría ser más milagroso que la vida misma?

Al desaparecer del todo la luz, el anciano se fue. Percival y Galahad permanecieron inmóviles, sin decir palabra. El hechizo del discurso de Merlín seguía surtiendo efecto en ellos y cuando empezó a desvanecerse, ambos se echaron a temblar y lamentaron su retorno a la tierra. Al romper el día, se dispusieron a volver al castillo. Bajo el dorado nacimiento del sol, Percival vio al rey Arturo de pie ante la ventana de sus reales aposentos; estaba mirando directamente hacia ellos.

–¿Piensas que deberíamos hablarle de esto? –preguntó Percival, señalando el castillo con un gesto.

Galahad meneó la cabeza.

–Estoy seguro de que el rey sabe lo que ha pasado; tiene que haberle pasado a él también, porque, de no ser así, ¿por qué iba a ser tan reacio a hablar del Grial? Pero voy a decirte una cosa, Hermano Caballero. Me gustaría que Arturo comprendiese que estamos con él en esta búsqueda de Merlín. Quedemos en que llamaremos a esta noche «la noche de la cueva de cristal». El rey sabrá qué queremos decir.

Y aunque no habían estado en ninguna cueva, sino bajo la capa del cielo estrellado, Percival accedió al instante.